sehen finden machen

: Haupt

Eva Hauck   Claudia Huboi

sehen finden machen

Das Werkstattbuch für Kinder

Haupt Verlag

Bern Stuttgart Wien

IMPRESSUM

Texte und Projekte: Eva Hauck und Claudia Huboi
Fotos: Uli Staiger/die licht gestalten, Berlin
Styling: 360°/Eva Hauck und Claudia Huboi, Berlin
Lektorat: www.redaktion-360grad.de
Zeichnungen: Susanne Nöllgen/GrafikBüro, Berlin
Layout: Susanne Nöllgen/GrafikBüro, Berlin

Bibliografische Information der Deutschen
National Bibliothek:
Die Deutsche Nationalbibliothek verzeichnet diese
Publikation in der Deutschen Nationalbibliografie;
detaillierte bibliografische Daten sind im Internet
über http://dnb.d-nb.de abrufbar.
ISBN 978-3-258-07394-1

Wünschen Sie regelmäßig Informationen über
unsere neuen Kunsthandwerk-Titel? Möchten Sie
uns zu einem Buch ein Feedback geben? Haben Sie
Anregungen für unser Programm? Dann besuchen
Sie uns im Internet auf www.haupt.ch. Dort finden
Sie aktuelle Informationen zu unseren Neuerschei-
nungen und können unseren Newsletter abonnieren.

www.haupt.ch

Wir danken Bruno, Carla, Chiara, Elena, Florence,
Franca, Giulia, Jacqueline, Jasper, Johannes, Katharina,
Max, Milena und Zoe für ihre Mitarbeit an diesem
Buch. Ein Dankeschön geht auch an Uta Donath für
so manche schöne Anregung.

INHALT

6 VORWORT

8 PAPIERWERKSTATT

10 Papier verbinden
Murmel-Labyrinth, Collagen,
Großstadt

18 Schneiden, reißen, rollen
Unterwasserlandschaft,
Märchenpalast

24 Lochen, prägen, knittern
Fata Morgana, Uhrwerk

30 Falten, knicken
Kästchen, Pop-up-Karten,
Hexentreppentiere

38 Recycle-Kunst
Fabrik, Marsmenschen,
Buchstabenspiel

46 Papier schöpfen
In Farbe, Experimente

52 FARBWERKSTATT

54 Farbe?
Farbig

58 Wachsmalkreiden
Kreuz und quer, Verliese

64 Wasserfarben, Plakatfarben
Reisebilder, Wasserbilder,
Kratzgesichter

72 Bleistift, Buntstifte
Dschungeltiere, Kleine Stadt

78 Filzstifte, Tinte
Wasserspiele, Schatzkarten

84 Drucken, Stempeln
Materialdruck, Schwammdruck,
ABCCBABC, Afrika

94 Buntpapiere
Geschenkpapiere, Marktplatz

100 MODELLIERWERKSTATT

102 Knetmasse
Schmuck, Windlichter

108 Pappmaschee
Lampions, Hans Hann

114 Gips
Bauklötze, Masken

120 Salzteig
Fantasietiere, Türschilder

126 Ton
Dickhäuter, Stiftebecher

132 STOFFWERKSTATT

134 Reißen, schneiden
Wimpelkette, Muster-Stoffe

140 Kleben, nieten
T-Shirt-Collage, Portemonnaie

146 Bedrucken, bemalen
Schlampermäppchen,
Ornamentborten

152 Färben
Batik-Halstuch, Batik-Fisch

158 Nähen
Fische etc., Märchenbilder,
Handpuppen

166 Sticken
Schachteln, Buchstaben sticken

172 FADENWERKSTATT

174 Malen mit Wolle
Masken-Bild, Filzbilder,
Fadenspannbilder

182 Wickeln
Körbchen, Wickeltiere,
Sorgenpüppchen

190 Weben
Wandteppich, Täschchen,
Kreole

198 Flechten, knüpfen
Armband, Flechtschachtel,
Freundschaftsbändchen

206 Fingerhäkeln, häkeln
Schlüsselband, Häkelhase

212 Stricken
Fransenschal, Stuhlkissen

218 NATURWERKSTATT

220 Baum, Borke
3 Monster, Borkenschiffe

226 Blätter, Früchte, Kerne
Blätterbilder, Pfau,
Naturschmuck

234 Steine, Muscheln, Sand
Steingärten, Prärie

240 REGISTER

WERKSTATT x 6 = PAPIER, FARBE, MODELLIEREN, STOFF, FADEN, NATUR

A–Z =

anmalen, bohren, collagieren, drucken, erfinden, filzen, glätten, häkeln, improvisieren, jonglieren, knittern, lochen, modellieren, nähen, ordnen, prägen …

… quetschen, reißen, sticken, töpfern, unterlegen, verknoten, weben, xerografieren, ypsantasieren, zeichnen

WERKSTATT x 6 + A-Z = ?

AFFENFAUSTMARSMENSCHSTEINGARTENFISCHSCHACHTELHASE-
SCHATZKARTELABYRINTHNILPFERDHANSHAHNDICKHÄU¯ERUHR-
WERKMEERESVIECHBUNTPAPIERCOLLAGEMÄRCHENPALASTFABEL-
TIERGEHEIMSCHRIFTHAUSMUSTERSTADTRAUPESCHLANGEPARADIES-
VOGELBAUKLOTZMASKESORGENPUPPEKISSENPRÄRIE

Viel Spaß beim
Sehen, Finden, Machen!

PAPIERWERKSTATT

PAPIER VERBINDEN

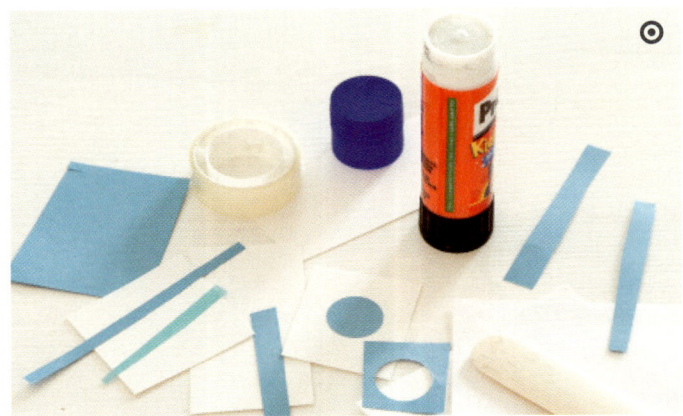

⊙ Kleben: Normalerweise reicht ein einfacher Klebestift. Er hält gut und tropft nicht. Oder du nimmst Alleskleber, aber nicht zu viel. Praktisch sind auch Klebeband und ein Falzbein. Das siehst du auf dem Foto in der rechten unteren Ecke. Mit seinem runden Ende kannst du über das aufzuklebende Papier fahren und es dabei ringsum andrücken. Besser noch: Du legst über das aufzuklebende Papier ein loses weißes Blatt und fährst dann erst mit dem Falzbein darüber. Dann gibt's keine Klebespuren.

✖ Stecken: Papiere lassen sich auch ohne Klebstoff miteinander verbinden. Du schneidest zum Beispiel in zwei Papierkanten gleichmäßig etwa 1 cm lange Schlitze. Die Papiere kannst du nun bequem ineinanderstecken (grüne Streifen). Oder du schneidest in die Papierkanten richtige Stecklaschen. Diese müssen versetzt liegen, damit sie ineinandergreifen (blaue Streifen).

✻ Weben: In ein Rechteck schneidest du Streifen, lässt an der Oberkante aber einen Rand. Dann webst du quer andere Papierstreifen ein. Die können gerade oder gleichmäßig geschwungen sein. Damit alles hält, hinterklebst du die Webfläche mit einem zusätzlichen Papier. Jetzt kannst du jede Form aus der Webfläche schneiden, zum Beispiel einen Kreis.

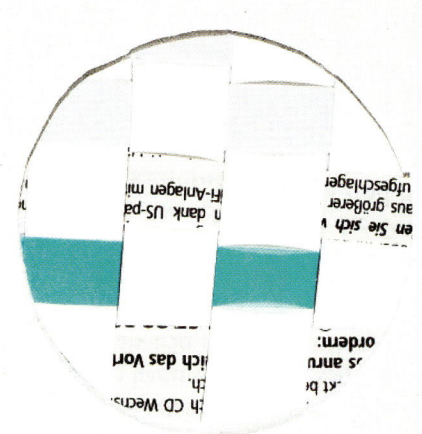

MURMEL-LABYRINTH

MATERIAL

Tonkarton
Schuhkartondeckel
Murmeln
Schere

Wie auf Seite 10 beschrieben, kannst du Papier-
oder Kartonstreifen zu vielen Formen ineinanderstecken. Wenn du die ineinandergesteckten
Streifen in einem Schuhkartondeckel platzierst,
wird alles vom Deckelrand gehalten und damit
schön stabil. Die Kartonstreifen müssen nur ein
wenig unter Spannung stehen.

Bist du mit deinem Labyrinth zufrieden, nimmst
du es vorsichtig wieder aus dem Kartondeckel
und schneidest die Durchgänge für die Murmel.
Dann setzt du alles wieder in den Deckel und
beginnst zu spielen: Die Murmel bugsierst du
von Feld zu Feld, indem du das Labyrinth hin-
und herbewegst.

13

COLLAGEN

MATERIAL
Zeitschriften
Bastel- und Geschenkpapiere
Schere
Klebestift
Fester Karton oder Holzbrettchen
zum Aufkleben

Diese Bilder sind aus verschiedensten Papieren und Papierresten zusammengeklebt. Das nennt man Collage. Die einzelnen Bildteile werden erst ausgeschnitten, dann auf einem festen Untergrund neu angeordnet und aufgeklebt.

In Zeitschriften findest du hierfür alles, was dein Herz begehrt. Was unauffindbar bleibt, kannst du malen oder aus anderen Papieren zuschneiden.

◄ Zu Tisch:
Johannes, 12 Jahre

PAPIER VERBINDEN

GROSSSTADT

MATERIAL
Tonpapiere
Geschenkpapiere
Schere
Klebestift
Fester Karton oder
Holzbrettchen zum Aufkleben

Hier ist alles miteinander verwoben, wie auf Seite 10 beschrieben. Erst webst du die Papier-flächen, dann hinterklebst du sie mit einem weiteren Papier. Nun kannst du Formen aus-schneiden, wie du möchtest. Besonders schön wird's mit verschiedenen Papieren: einfarbigen, gemusterten, glatten, rauen, dicken, dünnen.

SCHNEIDEN
REISSEN
ROLLEN

⊙ Papier kannst du ab-, zu- und ausschneiden. Das ist klar. Aber es lassen sich auch Muster schneiden: Du faltest ein Papier zusammen. Dann schneidest du an den offenen und geschlossenen Kanten Dreiecke, Rundungen und Schlitze ein. Das Papier faltest du wieder auseinander.

✚ Bei der Lampiontechnik faltest du das Papier einmal und schneidest in die geschlossenen Kanten Schlitze. Dann faltest du das Papier wieder auseinander und klebst es zu einer Röhre zusammen, die du von oben ein bisschen runterdrückst. Vor dir steht der Lampion. Für einen Lampion mit doppeltem Bauch faltest du das Papier am Anfang so, dass zwei geschlossene Kanten aufeinanderliegen. Die schneidest du auf einmal ein.

⊕ Papier kannst du nicht nur schneiden, sondern auch reißen. Für gerade Kanten legst du ein Lineal auf und reißt an der Kante entlang. Aber auch kreuz und quer gerissenes Papier kannst du gut gebrauchen.

♣ Papier lockt sich, wenn du mit einer offenen Schere über einen gespannten, schmalen Streifen fährst. Wie beim Kräuseln von Geschenkband. Doch lässt sich Papier auch zu Röllchen zusammendrehen oder über eine Tischkante ziehen. Dann bleibt es nur leicht gerollt.

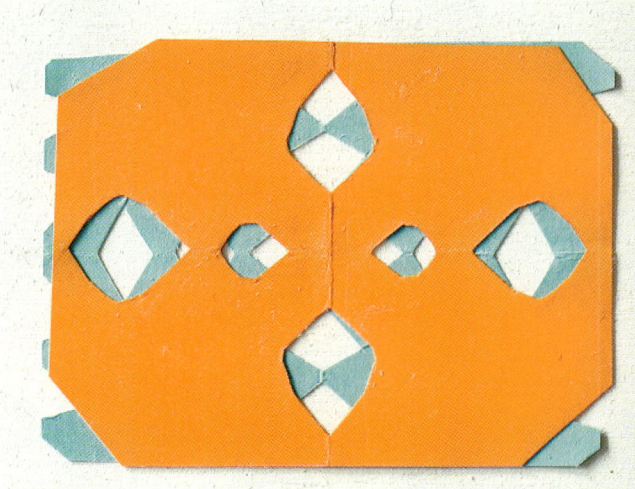

UNTERWASSERLANDSCHAFT

MATERIAL
Tonpapiere
Schere
Klebestift
Fester Karton oder
Holzbrettchen zum Aufkleben

Die Schnipsel für das Wasser sind gerissen,
Quallen und Unterwasserpflanzen sind ge-
schnitten und anschließend leicht gelockt.
Alles Wichtige dazu erfährst du auf Seite 18/19.

MÄRCHENPALAST

MATERIAL
Tonpapiere
Geschenkpapiere
Schere
Klebestift

Die Lampiontechnik kennst du schon von Seite 18. Wie man aus Papier schöne Muster schneidet, weißt du auch. Dann brauchst du nur noch bunte Papiere und im Nu steht vor dir ein bunter Palast – irgendwo zwischen Orient und Fernost.

⊙ Als Dächer eignen sich die Hütchen von Seite 38.

23

LOCHEN
PRÄGEN
KNITTERN

⊙ Papier kannst du mit einem einfachen Büro-locher oder einer extra Lochzange lochen. Für feine Löchlein eignet sich eine dicke, aber spitze Nähnadel oder eine Ahle. Die hat einen Griff, sodass du besser durchs Papier pieksen kannst. Je nachdem, wie du die Löcher anordnest, bilden sich Muster.

✖ Wenn du mit einem Kugelschreiber auf die Rückseite Muster malst und mit Druck mehr-mals nachfährst, entstehen auf der Papiervor-derseite entsprechende Erhebungen. Die sind zu sehen und zu fühlen, wenn du mit dem Fin-ger darüberfährst. Das Ganze nennt man Prä-gen. Am einfachsten geht's auf einer weicheren Unterlage wie zum Beispiel Wellpappe.

✽ Papier knittert. Manchmal ist das lästig, manchmal sieht das gut aus. Wenn du glattes Papier zu einem Ball zusammenknautschst und dann wieder auseinanderfaltest, bekommt es eine ganz andere Oberfläche. Je öfter du das wiederholst, desto weicher wird das Papier. Ist dir das zu unordentlich, kannst du Papier wie eine Ziehharmonika zusammen- und dann wie-der auseinanderfalten. Dann hast du ordentliche Knitterfalten.

24

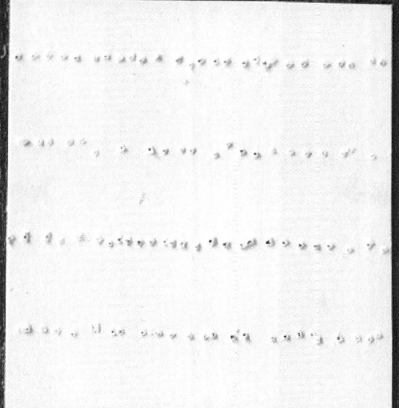

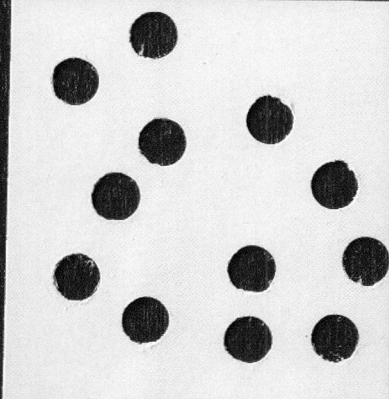

LOCHEN
PRÄGEN
KNITTERN

FATA MORGANA

MATERIAL
Tonpapiere
Schere
Klebestift
Fester Karton oder
Holzbrettchen zum Aufkleben

Die Luft steht, die Hitze flirrt, alle Umrisse
verschwimmen – Idealbedingungen für jede Fata
Morgana. Das Papier für die Gebäude wird wie
eine Ziehharmonika zusammen- und wieder
auseinandergefaltet, das Papier für die Sand-
dünen zu einem Ball geknautscht, eine Weile
zwischen den Händen gerollt und dann wieder
entknautscht. Aus den entstandenen Knitter-
papieren lassen sich alle Formen schneiden, die
du für eine Collage brauchst.

LOCHEN
PRÄGEN
KNITTERN

UHRWERK

MATERIAL
Weißes Papier
Kugelschreiber
Bürolocher oder
Lochzange
Ahle oder Nähnadel

Cutter
Schere
Klebestift
Fester Karton oder
Holzbrettchen zum Aufkleben
Wellpappe als Arbeitsunterlage

Glattes Papier muss nicht glatt bleiben. Wie du es lochen und prägen kannst, erfährst du auf Seite 24. Wenn du gelochte Papiere übereinanderlegst, entstehen durch die Überschneidungen weitere Muster.

Du hast noch eine andere Möglichkeit, die Papieroberfläche zu verändern: Mit einem Cutter (Vorsicht, scharf!) schneidest du Recht- oder Dreiecke aus. Allerdings nur an drei beziehungsweise zwei Seiten. Dann kannst du die Recht- oder Dreiecke aus dem Papier hochklappen. Das siehst du auf dem Foto unten.

Und zum Schluss: Mit den vorbereiteten Papieren lassen sich alle möglichen Bilder zusammenkleben – nicht nur Uhrwerke.

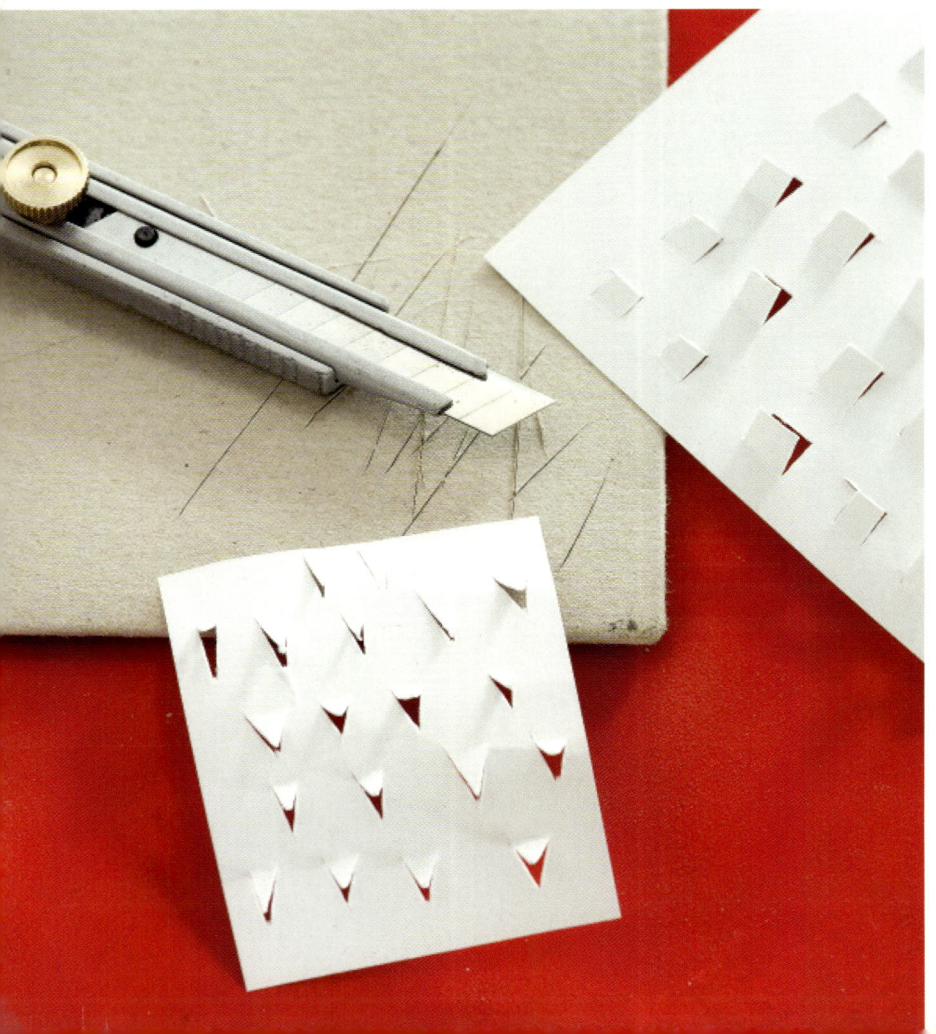

FALTEN
KNICKEN

Beim Falten von Papier entstehen viele schöne Formen. Häufig musst du noch nicht einmal schneiden oder kleben. Das Papierfalten ist eine sehr alte Kunst, die vor allem in Japan eine große Bedeutung hat. Dort wird sie Origami genannt. Vielleicht hast du den Begriff schon einmal gehört.

⊙ In Origami-Faltanleitungen ist manchmal von Bergfalten und Talfalten die Rede. Hier siehst du, was mit Berg- und Talfalte gemeint ist. Faltest du das Papier nach hinten, entsteht eine Bergfalte, faltest du nach vorne, entsteht eine Talfalte.

⊙ Damit eine Falte „schärfer" wird, kannst du sie mit dem Daumennagel nachziehen. Noch besser ist es, wenn du mit einem Falzbein arbeitest. Setze die schräge Kante des Falzbeins an und streiche fest an der Kante entlang. Du kannst die zu faltenden Linien auch mit dem Falzbein oder einem spitzen Bleistift und einem Lineal erst rillen, bevor du faltest. Vor allem, wenn du dickere Tonpapiere oder Tonkarton verwendest.

✖ Figuren und Formen, die aus einer Karte beim Aufklappen herausspringen, heißen Pop-ups (siehe Seite 34). Das Prinzip ist nicht besonders kompliziert: Du schneidest eine einfache Figur aus dünnem Karton samt Klebelasche (siehe Seite 38) zu. Die Figur faltest du längs in der Mitte. Das ist deine Mittelachse. Dann schneidest du die Klebelasche schräg ein, wie auf dem Bild zu sehen: Du hast jetzt zwei Klebelaschen. Klebelasche Nr. 1 faltest du nach vorn, Klebelasche Nr. 2 nach hinten. Dann legst du deine Figur in die Klappkarte und klebst sie mit den Klebelaschen so fest, dass sie etwas unter Spannung steht.

♣ Hexentreppen sehen so ähnlich aus wie eine Ziehharmonika. Um Hexentreppen zu falten, brauchst du Papierstreifen von ca. 2 cm Breite. Am besten schneidest du Tonpapierbogen in mehrere 2 cm breite Streifen und klebst diese aneinander. Die Enden von zwei langen Tonpapierstreifen (hier in Hellblau und Orange) legst du im rechten Winkel übereinander. Falte den unteren Streifen so über den oberen Streifen, dass sich wieder ein rechter Winkel ergibt. So machst du weiter, bis deine Hexentreppe lang genug ist.

FALTEN
KNICKEN

 KÄSTCHEN

MATERIAL
Papier
Schere
Falzbein

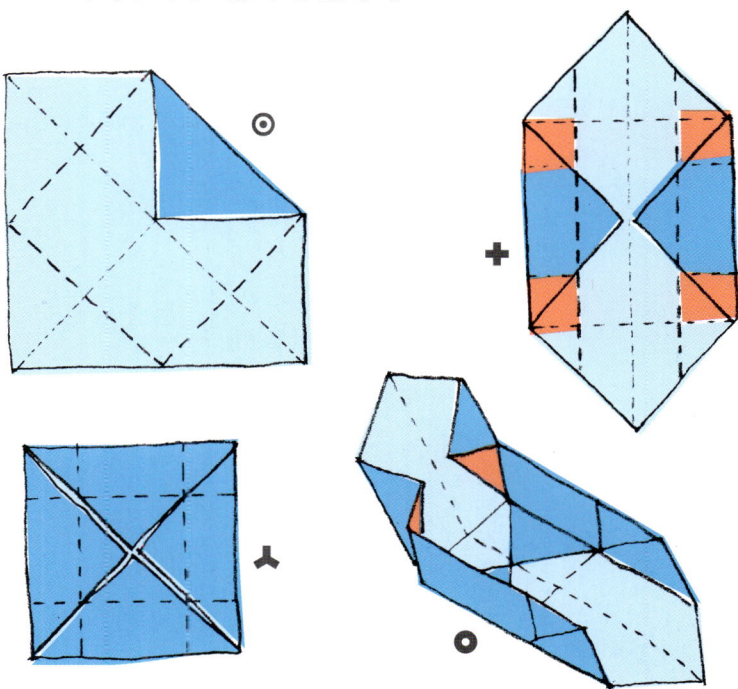

Du brauchst ein quadratisches Papier. Damit aus einem rechteckigen Papier ein Quadrat wird, faltest du die rechte obere Ecke so nach links unten, dass die Papierkanten auf der linken Seite genau übereinanderliegen. Es entsteht ein Dreieck. Den überstehenden Streifen unten schneidest du einfach ab. Wenn du das Dreieck aufklappst, hast du ein Quadrat.

⊙ Finde den Mittelpunkt deines Quadrats, indem du das Papier zweimal diagonal zum Dreieck faltest. Der Schnittpunkt der Faltlinien ist der Mittelpunkt. Klappe alle vier Ecken deines Quadrats zum Mittelpunkt (Talfalten).

Kästchen:
Max, 10 Jahre, und
Zoe, 8 Jahre

⊥ Falte alle vier Kanten nacheinander zum Mittelpunkt und klappe sie wieder auf.

✚ Klappe zwei gegenüberliegende Dreiecke wieder auf. Du siehst jetzt viele Faltlinien. Talfalte an den gestrichelten senkrechten Linien auf beiden Seiten. Zwei Seitenwände richten sich auf.

⊙ Das Kniffligste kommt zum Schluss: An den vier markierten Stellen faltest du eine Diagonale. Beim Aufrichten der beiden übrigen Seitenwände schieben sich die markierten Quadrate zu Dreiecken zusammen. Nun musst du nur noch die nach oben stehenden Teile über die Dreiecke klappen und dein Schachteldeckel ist fertig. Für den Boden machst du alles noch mal.

POP-UP-KARTEN

MATERIAL
Tonkarton
Weiße Karteikarten
Schere
Klebestift

Die Klappkarte besteht aus gefaltetem Tonkarton, für die Pop-up-Form kannst du zum Beispiel weiße Karteikarten verwenden. Die sind schön dünn und stabil zugleich. Das Grundprinzip wird auf Seite 31 erklärt. Hier noch ein paar Tipps dazu:

⊙ Die Pop-ups müssen immer schmaler und niedriger als die Klappkarte sein, damit sie zusammengefaltet reinpassen. Das probierst du am besten aus, bevor du alles zusammenklebst.

⊙ Du kannst mehrere Pop-ups hintereinanderbauen. Aber es muss ausreichend Abstand zwischen ihnen geben, damit sie sich beim Ausklappen nicht verheddern.

⊙ Die Burg hier wurde mit Moosgummi bedruckt. Mehr dazu erfährst du auf Seite 85.

34

HEXENTREPPENTIERE

MATERIAL
Tonpapier
Lineal
Schere
Locher
Klebestift

Die auf Seite 31 beschriebenen Hexentreppen
eignen sich gut, um Tiere mit langen Körpern
zu basteln wie Schlangen, Raupen, Tausendfüßler,
Drachen ... Für die Köpfe kannst du die Streifenenden spitz oder leicht gerundet zuschneiden. Oder du formst aus Papierstreifen zwei
Ringe und schiebst sie ineinander wie beim
grünen Vielfüßler. Die Augen kannst du ausschneiden oder mit dem Locher ausstanzen.
Vielleicht bekommt dein Tier auch noch eine
Zunge, Füße, Fühler aus kleinen Hexentreppen
oder gefährliche Zähne?

Vielfüßler:
Zoe, 8 Jahre
▶

RECYCLE-KUNST

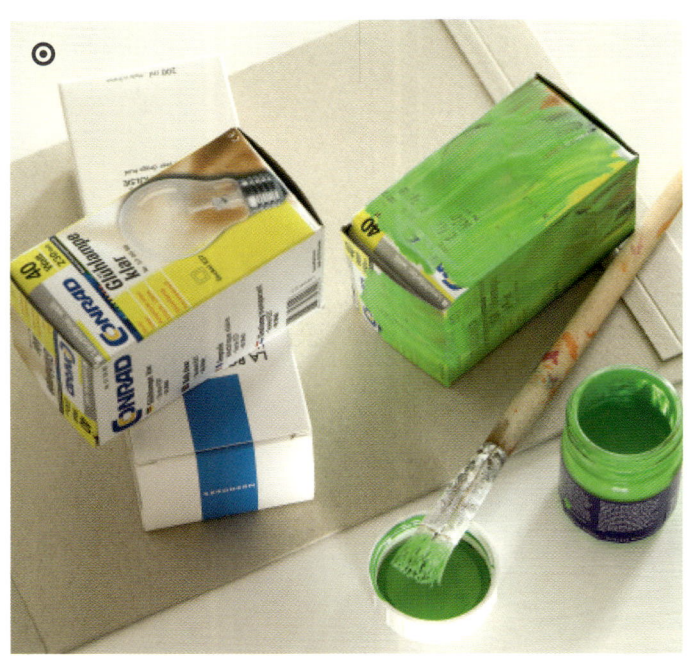

⊙ Hier dreht sich alles um Resteverwertung. Denn Verpackungen oder Papprollen sind gutes Baumaterial. Das wird natürlich schöner, wenn etwas Farbe ins Spiel kommt. Zum Anmalen eignen sich zum Beispiel Plakat- oder Bastelfarben. Details kannst du später mit Bunt- oder Filzstiften aufmalen.

✚ Oder du beklebst die Grundformen wie beim Krokodil rechts. Sein Körper besteht aus einer alten Cremeschachtel, die mit grünem Buntpapier verkleidet ist. Sein Maul ist ausgeschnitten, seine Beine sind kleine Papierröllchen.

♣ Klebelaschen sind eine praktische Erfindung: Du schneidest eine Figur aus, die unten einen ca. 1 cm breiten Rand hat. Dieser Rand ist deine Klebelasche. Die faltest du um und dann wieder ein bisschen auf, sodass Klebelasche und Figur einen rechten Winkel bilden. An der Unterseite der Klebelasche kannst du die Figur festkleben. Papierhüte bastelst du so: Schneide einen Kreis zu. Dann schneidest du den Kreis bis zur Mitte ein und klebst die offenen Papierkanten leicht versetzt aufeinander. Je stärker du die Papierkanten überlappen lässt, desto spitzer wird dein Hut.

⊕ Wie kommt das Runde aufs Eckige? In die Unterkante einer Pappröhre schneidest du ringsum etwa I cm lange Streifen. Die faltest du um, sodass ein rechter Winkel entsteht, und bestreichst sie mit Klebstoff. Dann drückst du die Röhre fest auf den flachen Untergrund, wartest, dass der Klebstoff trocknet, und drückst dabei die Klebelaschen immer wieder mit dem Falzbein an.

✳ Um die Buchstaben für das Buchstabenspiel von Seite 44/45 zu gestalten, hast du im Grunde zwei Möglichkeiten: Du kannst dein Material zu Buchstaben geformt auf die Pappkärtchen aufkleben. Das P und das I sind solche Positivformen. Oder du schneidest dein Material in der Größe des Kärtchens zu und schneidest den Buchstaben heraus. Das nennt man Negativform. Das L entstand auf diese Weise aus Papp- und Filzresten.

39

FABRIK

MATERIAL

Kartonverpackungen
Pappröhren
Bunte Papierreste
Schere
Alleskleber
Deck- oder Bastelfarben
Pinsel

Ganz egal, ob eckig oder rund: Aus Papier-
müll lassen sich unterschiedliche Dinge
basteln. Grüne Papierlocken (siehe Seite 19)
werden zu giftigem Papierqualm, Pappröhren
zu Schloten oder Türmen. Das Wichtigste
rund ums Kleben erfährst du auf Seite 38/39.
Hölzchen, Drahtreste oder anderen Krims-
krams kannst du auch einbauen.

Wetterstation:
Johannes, 12 Jahre

MARSMENSCHEN

MATERIAL
Toilettenpapierrollen
Weißes Papier
Tonpapierreste
Bonbonpapiere
Schwarzer Filzstift
Schere
Klebestift

Hier geht's irdischer zu, als es scheinen mag:
Die Marsmenschen bestehen aus kurzen Pappröhren, die mit weißem Papier erst verkleidet,
dann bunt beklebt werden. Als Mars-Schuppen
taugen zum Beispiel bunte Bonbonpapiere.
Die Satellitenschüssel ist nichts anderes als der
Papierhut von Seite 38 – nur umgedreht. Eine
gelockte Antenne (siehe Seite 19) sorgt für
guten Empfang.

◀ Marsmenschen:
Elena, 8 Jahre

BUCHSTABENSPIEL

MATERIAL
Karton oder dicke Graupappe
Lineal
Schere
Bleistift
Plakatfarben
Pinsel
Alleskleber
Reste von:
Filz
Papierschnur
Kordel
Chenilledraht
Wolle
und Ähnlichem

Aus der Pappe schneidest du viele gleich große Quadrate zu. Bemale sie mit Plakatfarbe
und lass die Farbe gut trocknen. Auf Seite 39
wird erklärt, wie du die Buchstaben als Positiv-
und Negativformen herstellen kannst. Hierfür
kannst du alle möglichen Materialreste verwenden.

Für dein Spiel brauchst du alle Buchstaben des
Alphabets mindestens einmal. Von den Selbst-
lauten und den oft verwendeten Mitlauten
sollte es mehrere geben.

Jeder Mitspieler erhält (verdeckt) drei Kärtchen. Die Spieler versuchen nun, aus den vor-
handenen Buchstaben ein Wort zu legen. Dann
werden Buchstaben angelegt, um neue Wörter
zu bilden. Wer nicht anlegen kann, greift in ein
Säckchen mit den restlichen Kärtchen. Er kann
erfühlen, welchen Buchstaben er zieht. Das Spiel
endet, wenn alle Buchstaben aufgebraucht sind
oder nicht mehr angelegt werden kann.

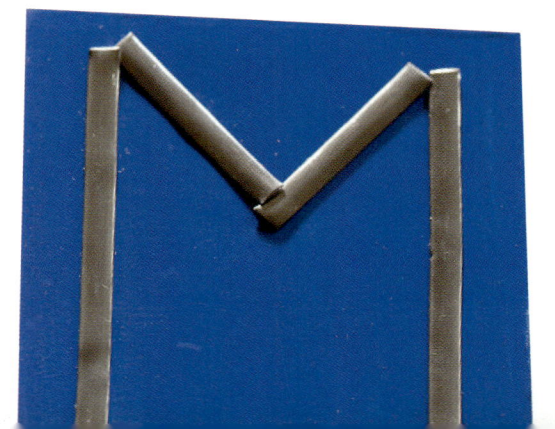

PAPIER SCHÖPFEN

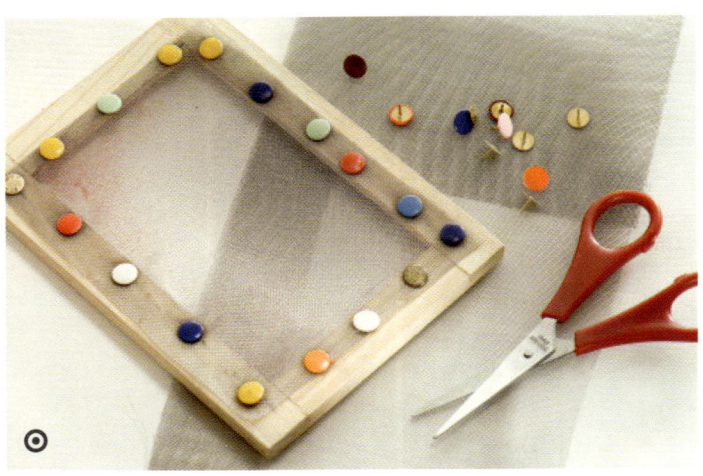

⊙ Papier wird geschöpft – heute meistens maschinell, manchmal aber noch von Hand. Das ist dann besonders schönes Papier. Du kannst auch selbst Papier schöpfen. Das ist leichter als gedacht, aber ein paar Vorbereitungen sind trotzdem notwendig. So brauchst du zum Beispiel einen Schöpfrahmen: Den baust du aus einem Holzbilderrahmen, in den du feinen Maschendraht spannst. Der Maschendraht muss so fein sein, dass du ihn mit der Schere schneiden und mit ein paar Heftzwecken am Bilderrahmen befestigen kannst. Außerdem benötigst du für später ein paar Haushaltstücher oder dünnen Wollfilz.

✚ Dein Ausgangsmaterial sind alte Zeitungen. Die zerreißt du in kleine Schnipsel, bedeckst sie in einer Rührschüssel mit heißem Wasser und

weichst sie 24 Stunden lang ein. Dann zerkleinerst du die feuchten Zeitungsschnipsel mit einem Küchenmixer zu einem feinen Brei. Der Brei heißt Pulpe.

Die Pulpe füllst du in eine Waschschüssel (das ist deine Schöpfwanne) und bedeckst sie mit warmem Wasser. Die Schöpfwanne sollte zu einem Viertel mit Pulpe und zu drei Vierteln mit Wasser gefüllt sein. Rühre das Ganze mit der Hand um und führe jetzt den Schöpfrahmen erst senkrecht in die Schöpfwanne. Unter Wasser drehst du ihn in die

46

Waagerechte und hebst ihn genauso waagerecht langsam wieder raus: Der Schöpfrahmen ist mit feinem Papierbrei bedeckt.

♣ Den Papierbrei beförderst du auf ein vorher bereitgelegtes Haushaltstuch (oder auf einen Wollfilz). Dafür drehst du den Schöpfrahmen um, sodass du die mit Papierbrei bedeckte Seite auf das Haushaltstuch drücken kannst. Das Papier klebt nun auf dem Haushaltstuch. Das nennt man Abgautschen. Das Haushaltstuch hängst du samt Papier zum Trocknen an einem Wäscheständer auf. Nach dem Trocknen lässt sich dein handgeschöpftes Papier einfach abziehen.

PAPIER SCHÖPFEN

IN FARBE

Das Grundrezept zum Papierschöpfen findest du auf Seite 46/47. Du kannst aber auch farbiges Papier schöpfen. Besonders einfach geht das mit Papierservietten oder einer Mischung aus Zeitung und Krepppapier. Dann hast du automatisch kräftige Farben. Oder du gibst in weiße Pulpe etwas Tinte hinzu. Dann bekommst du zarte Tönungen. Wie zum Beispiel bei den blauen Papierchen auf dem Bild links.

MATERIAL
Zeitungspapier
Papierservietten
Krepppapier
Mixer
Schöpfrahmen
Schöpfwanne
Haushaltstücher oder
dünner Wollfilz
Tinte

PAPIER SCHÖPFEN

EXPERIMENTE

MATERIAL
Zeitungspapier
Papierservietten
Mixer
Schöpfrahmen
Schöpfwanne
Haushaltstücher oder
dünner Wollfilz
Tinte
Bast, Wolle, Perlgarn
Geschenkpapierreste
Konfetti

Bis jetzt hast du graues und farbiges Papier geschöpft. Nun wird es noch bunter: Wenn du die Pulpe mit dem Schöpfgitter aus der Schöpfwanne hebst, kannst du vor dem Abgautschen bunte Papierschnipsel oder Konfetti aufstreuen.

Oder du gautschst eine dünne Schicht Papier ab und legst dann Konfetti, Papierstreifen, Wolle, Garn darauf. Dann gautschst du eine weitere Papierlage auf die erste. Je nachdem, wie dick oder dünn die zweite Papierschicht ist, blitzen die Einschlüsse mal mehr, mal weniger hervor. Beim Ausprobieren werden dir noch viele andere Möglichkeiten einfallen.

52

53

FARBE?

Es gibt drei Grundfarben: Rot, Gelb, Blau. Aus den Grundfarben kannst du wichtige andere Farben mischen:

Blau + Rot = Violett
Rot + Gelb = Orange
Blau + Gelb = Grün

Je nachdem, wie viel du von jeder Grundfarbe hinzugibst, ändert sich der gemischte Farbton. Das siehst du in der zweiten Reihe auf dem Bild rechts. Am besten probierst du das Ganze mit Wasserfarben aus. Die lassen sich nämlich sehr gut mischen.

Verschiedene Farbzusammenstellungen ergeben verschiedene Kontraste, mal stärkere, mal schwächere. Eine besondere Rolle spielt dabei der Komplementärkontrast:

Rot – Grün (= Gelb + Blau)
Blau – Orange (= Gelb + Rot)
Gelb – Violett (= Blau + Rot)

Wie du siehst, ergibt sich der Komplementärkontrast aus jeweils einer Grundfarbe und der Mischfarbe aus den beiden restlichen Grundfarben. Er ist sehr kräftig und lässt die Farben leuchten. Wichtig ist außerdem der starke Kontrast von Schwarz und Weiß.

Nun zu zarteren Tönen: Wenn du etwas Deckweiß nimmst und vorsichtig immer mehr von ein- und derselben Farbe hinzugibst, erhältst du eine feine Ton-in-Ton-Abstufung. Die so entstandenen Farben heißen Pastellfarben.

Darüber hinaus werden Farben oft als kalt oder warm bezeichnet. Das heißt: Die Farben werden danach unterschieden, ob sie das Gefühl von Wärme oder Kälte hervorrufen. Zu den kalten Farben zählen meistens Blau- und Grüntöne, zu den warmen alle Gelb-, Orange- und Rottöne. Natürlich gibt's auch viele Mischtöne, die zu keiner der beiden Gruppen eindeutig gehören, zum Beispiel Pink oder Violett. Das kommt immer ganz auf das Mischverhältnis (und den Betrachter) an.

FARBIG

MATERIAL
Filzstifte
Moosgummi
Bleistift

Welche Farben passen zusammen? Probiere verschiedene Zusammenstellungen aus: warme Farben, kalte Farben, warme und kalte Farben, zarte oder kräftige Farben, zarte und kräftige Farben zusammen, dunkle Farben, helle Farben, dunkle und helle gemischt, die Grundfarben, Komplementärkontraste ...

Die Testbilder links zeigen, wie unterschiedlich ein- und dasselbe Motiv je nach Farbkombination wirken kann: knallig bunt, zart zurückhaltend, winterlich kühl, sommerlich warm, fröhlich, traurig ernst, spannend oder eher langweilig.

⊙ Bunte Testbilder kannst du mit Moosgummi und Filzstift stempeln. Mehr dazu erfährst du auf Seite 85.

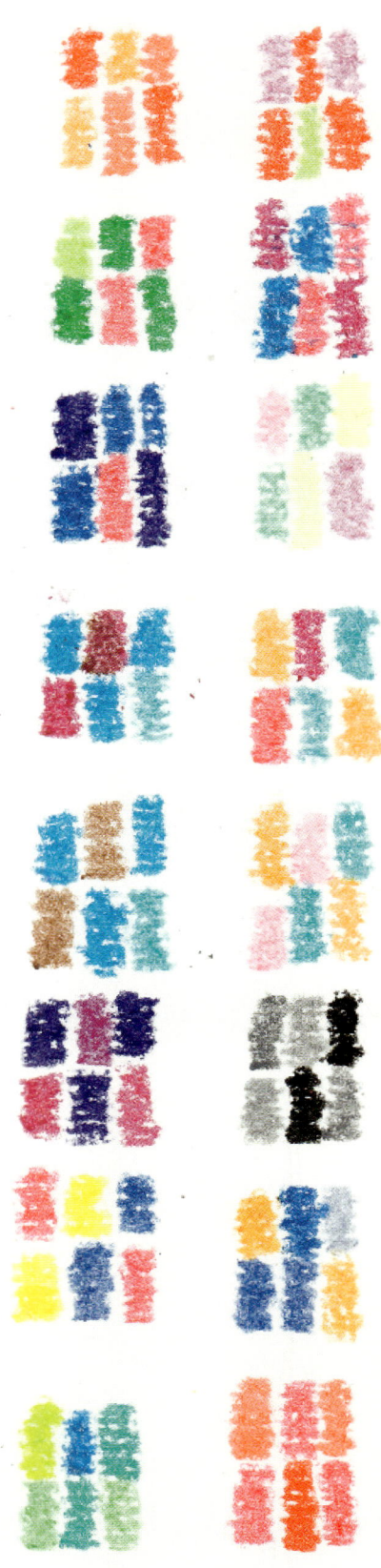

WACHSMAL-KREIDEN

Mit Wachsmalkreiden kannst du jede Menge Muster malen:

Striche, ...

bunte Linien, kreuz und quer, ...

Wellen, Zickzack oder Kreise.

So sieht es aus, wenn du mit weißer Wachsmalkreide Muster zeichnest und hinterher mit Wasserfarbe übermalst. Die Stellen mit Wachsmalkreide nehmen die Wasserfarbe nicht an und bleiben (fast) weiß.

Du kannst ein Papier auf einen Untergrund mit einer besonderen Struktur legen – Käsereiben, Münzen, Maschendrahtstückchen, Lochbleche und alles, was dir sonst noch einfällt. Dann reibst du mit Wachsmalkreiden darüber: Das Untergrundmuster erscheint auf deinem Papier. Das nennt man Reibetechnik oder Frottage.

Oder du übermalst deine Muster mit einer dunkleren Wachsmalkreide – um sie als Nächstes mit einem Schraubenzieher oder einem anderen spitzen Gegenstand wieder freizukratzen. Es entstehen interessante Farbschlieren.

WACHSMAL-KREIDEN

KREUZ UND QUER

Mit den auf Seite 58 beschriebenen Techniken kannst du schöne Buntpapiere gestalten. Und hast du ausreichend Buntpapiere beisammen, lassen sich Collagen jeder Art kleben – zu Lande und zu Wasser.

MATERIAL
Wachsmalkreiden, Papier, Klebestift, Schere

Unter Wasser: Chiara, 6 Jahre
und Carla, 10 Jahre

Vögel:
Giulia, 10 Jahre

WACHSMAL-KREIDEN

VERLIESE

MATERIAL
Wachsmalkreiden
Papier
Schraubendreher oder anderer
spitzer Gegenstand
Borstenpinsel oder Baumwolltuch

Diese Bilder sind alle in der Kratztechnik gemalt: Dein Papier bedeckst du zunächst mit Wachsmalkreiden, entweder in Weiß oder in verschiedenen Farben. Dann malst du mit einer dunklen Wachsmalkreide über den ersten Farbauftrag. Anschließend kratzt du das Bild in die zweite Wachsmalschicht hinein, sodass die Farben der ersten Kreideschicht hervorblitzen. Störende Farbkrümel kannst du mit einem sauberen Borstenpinsel oder einem Baumwolltuch abwischen.

Übrigens: Diese Technik zählt zum sogenannten Sgraffito. Das stammt von „sgraffiare"; auf Italienisch heißt das „kratzen".

Über- und
Unterwasserwelten:
Chiara und Giulia,
6 und 10 Jahre

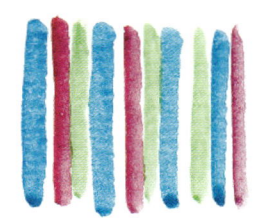
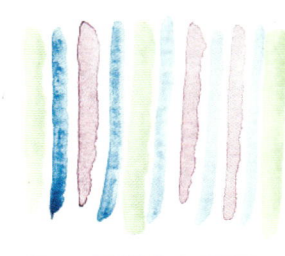

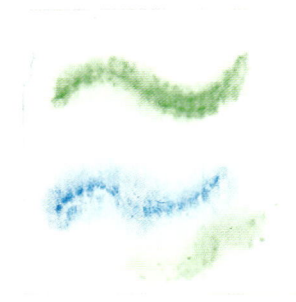
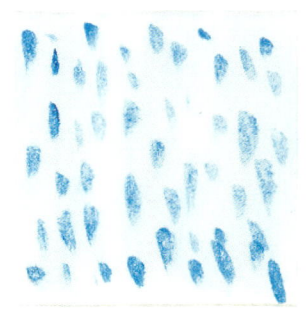

WASSERFARBEN PLAKATFARBEN

Reihe 1: Mit Wasserfarben kannst du Flächen ausmalen oder feine Striche ziehen. Umso mehr Wasser du hinzugibst, umso heller und zarter werden die Farben. Mit viel Wasser verlaufen sie in alle Richtungen. Das lässt sich aber mit dem Pinsel ganz gut beeinflussen.

Reihe 2: Mit noch mehr Wasser kannst du allerhand ausprobieren: Streiche ein dickeres Papier (zum Beispiel Aquarellpapier) mit sauberem Wasser und Pinsel ein. Dann tupfst du kleine Punkte auf und schaust zu, wie sie „aufgehen", ähnlich wie Blüten. Oder du ziehst eine geschwungene Linie und beobachtest, welche Formen auf dem feuchten Papier entstehen. Aber es geht auch andersherum: Du malst erst mit Wasserfarben und streichst anschließend mit klarem Wasser darüber. Bei dieser Reihenfolge bleiben die Linien klar, obwohl die Farben verlaufen.
Und dann gibt's noch den Salz-Trick: Du streust ganz normales Küchensalz auf einen feuchten Farbklecks. Nicht zu viel, aber auch nicht zu wenig. Dann lässt du alles trocknen und schüttelst das Salz wieder ab. Zurück bleiben deutliche Spuren und feine Linien.

Reihe 3: So sieht es aus, wenn du mit einem trockenen Pinsel und sehr wenig Wasser malst. Der Strich wirkt spröde und ist immer wieder unterbrochen. Das eignet sich gut zum Tupfen und Stricheln, wie das zweite Bildchen zeigt. Wasserfarben lassen sich auch Schicht für Schicht übereinandermalen. Das siehst du beim dritten Beispiel. An den Kreuzungspunkten der Linien (dort, wo sich die Farben überlagern) entsteht ein neuer Farbton. Mit dieser Technik mischst du die Farben also direkt auf dem Papier. Dabei ist wichtig, dass jeder Auftrag gut getrocknet ist, bevor du eine andere Farbe darüberstreichst. Sonst läuft alles ineinander.
Beim letzten Beispiel geht's um schlichtes Weiß. Bestimmt kennst du Deckweiß, das den meisten Wasserfarbkästen beiliegt. Weiße Flächen und Linien kannst du aber auch „malen", indem du bestimmte Bereiche aussparst und dort das weiße Untergrundpapier hervorscheinen lässt.

Reihe 4: Plakatfarben decken sehr gut, leuchten kräftig und sind viel dickflüssiger als Wasserfarben. Das sieht man schön beim Farbauftrag. Deswegen lassen sich in die leicht angetrocknete, aber immer noch feuchte Farbe feine Muster einritzen. Zum Beispiel mit einer Nadel oder einem Zahnstocher. Plakatfarben kannst du ebenso gut mit etwas Wasser verdünnen. Sie werden dann zarter, strahlen aber immer noch.

REISEBILDER

MATERIAL

Wasserfarben
Papier
Pinsel
Dünner Filzstift in Schwarz
Wachsmalkreiden

Im Wald, Sonnenuntergang:
Milena, 9 Jahre

Stell dir vor, du sitzt im Zug. Der fährt mal schneller, mal langsamer. Im Vorbeifahren siehst du Seen, Flüsse, Berge, Brücken, Dörfer, Städte. Manchmal auch das Meer und manchmal einen anderen Zug.
Mal schneller, mal langsamer.

Genauso kannst du Reisebilder malen: ganz deutlich oder eher verwischt, mit wenig, mit viel Wasser. Oder du tupfst die Landschaften nur mit leichter Hand. Ebenso gut kannst du Wachsmalkreiden zur Hilfe nehmen oder feine Details mit einem dünnen Filzstift einzeichnen.

WASSERBILDER

MATERIAL
Wasserfarben
Dickes Papier
Pinsel
Buntstifte

Wasser ist hier das A und O. Erst streichst du dickes Papier mit klarem Wasser ein. Dann malst du einfache Formen und schaust, was passiert: Aus Punkten werden Blumen, aus geschwungenen Linien seltsame Fabeltiere. Oder etwas ganz anderes. Wichtig ist, was DU in der verlaufenen Farbe siehst.

Details lassen sich mit Buntstift einzeichnen, sobald die Farbe trocken ist.

Du kannst auch erst ein einfaches Bild malen und dann mit klarem Wasser übermalen. Das Bild ist noch deutlich zu erkennen, wirkt aber verwischter. Wie an einem Regentag.

Der Vogeldrache:
Katharina, 11 Jahre
▶

Blumenstrauß:
Katharina, 11 Jahre
◀

69

KRATZGESICHTER

MATERIAL
Plakatfarben
Pinsel
Zahnstocher oder Schaschlikspieße
Holzbrettchen

Mit Plakatfarben kannst du nicht nur auf Papier, sondern auch sehr gut auf Holz malen. Die Holzbrettchen hier sind erst einmal in Weiß vorgestrichen. Nach dem Trocknen malst du verschiedene Monstergesichter. Ganz gleich, ob sie guter oder schlechter Laune sind: Sie bestehen aus großen und kleinen Rechtecken. In die noch feuchte Farbe ziehst du mit Schaschlikstäbchen oder Zahnstocher feine Muster.

Monster:
Milena und Katharina,
9 und 11 Jahre

70

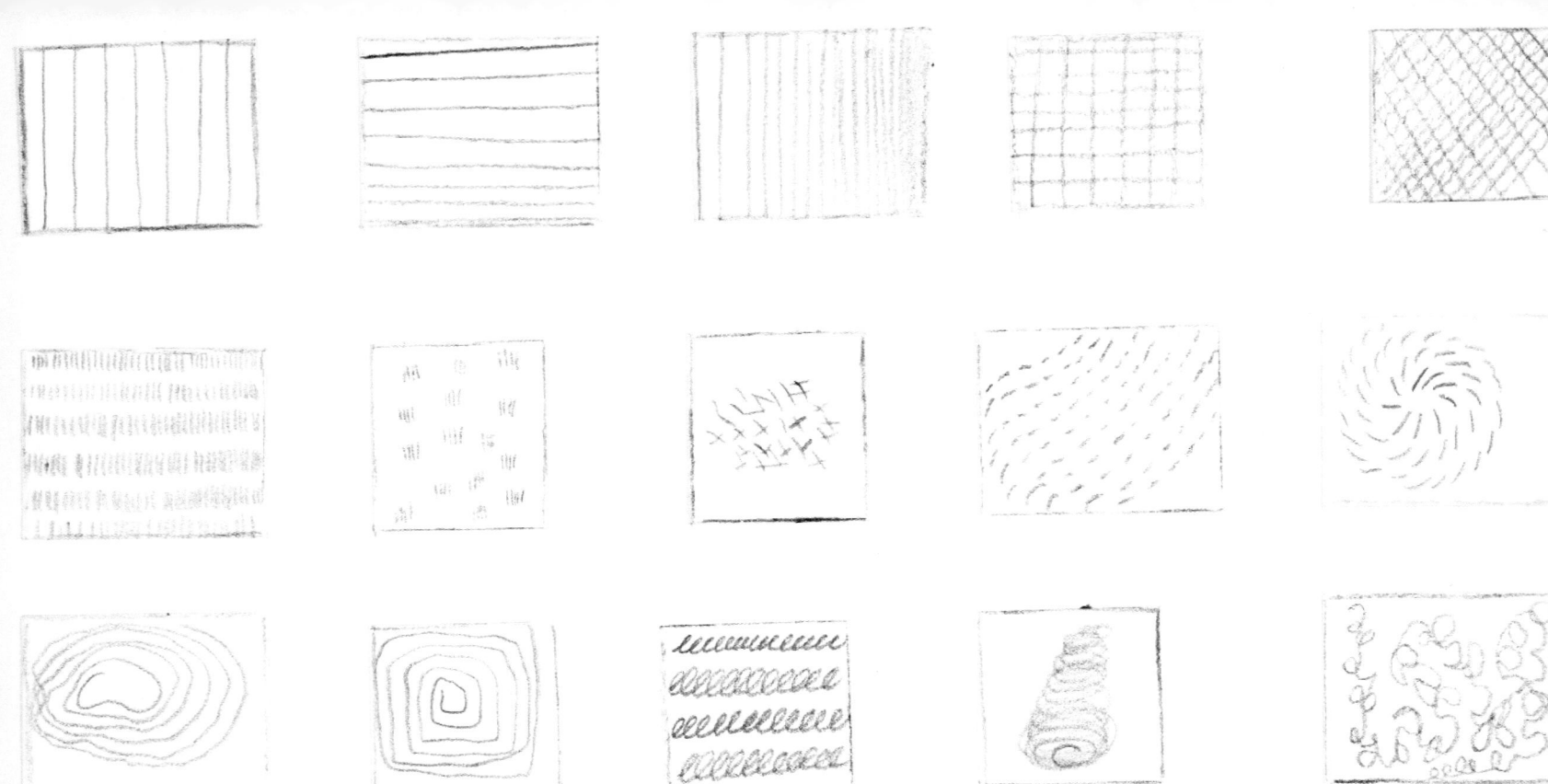

Nach so viel Farbe ist der Bleistift an der Reihe. Mit ihm kannst du ...

⊙ ... Linien in alle Richtungen zeichnen – mit großem und kleinem Abstand. Wenn du die Striche immer dichter nebeneinandersetzt, entsteht eine Fläche. Das nennt man Schraffieren.

⊙ Du kannst die Bleistiftlinien auch in verschiedenen Richtungen übereinanderlegen: schräg oder waagerecht und senkrecht. Das heißt Kreuzschraffur.

⊙ Oder du strichelst einfach vor dich hin, geordnet und ungeordnet.

⊙ Lenkst du deine Striche in eine bestimmte Richtung, erinnert das an eine Bewegung. Schön sanft wie eine Welle oder wild wie ein Wirbelwind.

⊙ Mit Bleistift lassen sich auch wunderbare Kringel malen, rund, eckig, in einer Linie oder so dicht aufeinander, dass es fast räumlich wirkt.

⊙ Und zum Schluss probierst du, dein ganzes Papier mit einer einzigen Bleistiftlinie (ohne absetzen!) zu füllen. Mal schauen, was passiert.

BLEISTIFT BUNTSTIFTE

Mit Buntstiften kannst du im Grunde all das machen wie mit Bleistift. Aber auch ein paar Dinge mehr. Du kannst ...

⊙ ... verschiedenfarbige Schraffuren neben- und übereinanderlegen, Flächen und feine Muster malen.

⊙ ... Farben direkt auf dem Papier mischen, indem du zwei Farbtöne übereinandermalst.

⊙ Außerdem gibt es besondere Buntstifte, die wasserlöslich sind und Aquarellstifte heißen. Mit denen malst du erst wie mit Buntstiften und fährst die Linien nachher mit einem feuchten Pinsel nach: Die Linien verschwimmen leicht und ändern ihre Farbe. Mit dem Pinsel lassen sich die Farben auch ineinanderziehen und richtig zum Verlaufen bringen.

Umgekehrt kannst du die Aquarellstiftspitze erst anfeuchten und dann malen. Die Linien verschwimmen so etwas weniger.

⊙ Bunt- und Bleistifte lassen sich miteinander kombinieren, zum Beispiel bei einem Spiel: Schließe die Augen und ziehe mit Bleistift (ohne abzusetzen!) eine Linie kreuz und quer über dein Papier. Die entstandenen Feldern füllst du mit Buntstift.

DSCHUNGELTIERE

MATERIAL
Aquarell- oder Buntstifte
Dickes Papier
Pinsel

Dschungelparade:
Johannes, 12 Jahre
▼

Linien spielen beim Zeichnen eine wichtige Rolle. Sie sind gerade oder gebogen, kurz oder lang, dick oder dünn. Die Dschungeltiere bestehen alle aus einer einzigen Linie – zumindest außen herum. Selbst für die Augen musst du deinen Stift nicht absetzen. Linientiere zu zeichnen macht großen Spaß, weil dabei immer wieder lustige Formen entstehen.
Die Dschungeltiere hier sind mit Aquarellstiften gemalt, die sich nach dem Zeichnen mit einem feuchten Pinsel anlösen lassen.

KLEINE STADT

MATERIAL
Buntstifte
Papier

Gut gespitzte Buntstifte sind ideal für sehr feine Linien. Aus den Linien kannst du ganz verschiedene Muster zusammensetzen – auch wenn du nur wenige Farben aussuchst. Und ehe du dich versiehst, erkennst du ...

ein Haus

zwei Häuser

drei Häuser

Stadt:
Milena, 9 Jahre

eine kleine Stadt ...

FILZSTIFTE
TINTE

Je nachdem, wie dick oder dünn Filzstifte sind, kannst du mit ihnen feine Details oder geschlossene Flächen malen. Besonders praktisch sind die Modelle mit einer dicken Mine an dem einen Ende und einer dünnen am anderen. Filzstifte haben leuchtende Farben, allerdings lassen sich diese auf dem Papier nicht gut mischen und auch nicht übereinandermalen. Sonst gibt's Schmuddeltöne.

Die meisten Filzstifte sind wasserlöslich. Deswegen kannst du Filzstiftstriche mit Wasser und einem feinen Pinsel anlösen, wodurch sie etwas verlaufen. Das sieht aus, als hättest du mit Was-serfarben oder Aquarellstiften gemalt. Oder du malst mit dem feuchten Pinsel Linien und Muster in eine Filzstiftfläche. Diese Linien werden heller als der Rest.

Auf dem Bild rechts siehst du Beispiele zu „Filzstift mit Wasser" und „Filzstift ohne Wasser". Du musst nur noch raten, was was ist. Und dann alles selbst ausprobieren.

Tinte gibt es in verschiedensten Farben, im Fässchen und als Patrone. In der letzten Reihe auf dem Bild rechts siehst du ein paar Beispiele dazu.

Du kannst mit einem normalen Füller zeichnen; es gibt aber auch spezielle Kalligrafiefüller mit breiteren Federn. Oder du lässt den Füller ganz beiseite und zeichnest mit einem Zahnstocher, einem Federkiel oder einem dünnen Hölzchen, die du immer wieder ins Tintenfass tauchst. Auch Tinte ist wasserlöslich, lässt sich also genau wie Filzstift mit einem feuchten Pinsel wieder anlösen. Oder du feuchtest erst das Papier an und zeichnest nachher mit Tinte. Die Striche verlaufen dann recht unkontrolliert, was für schöne Überraschungen sorgt.

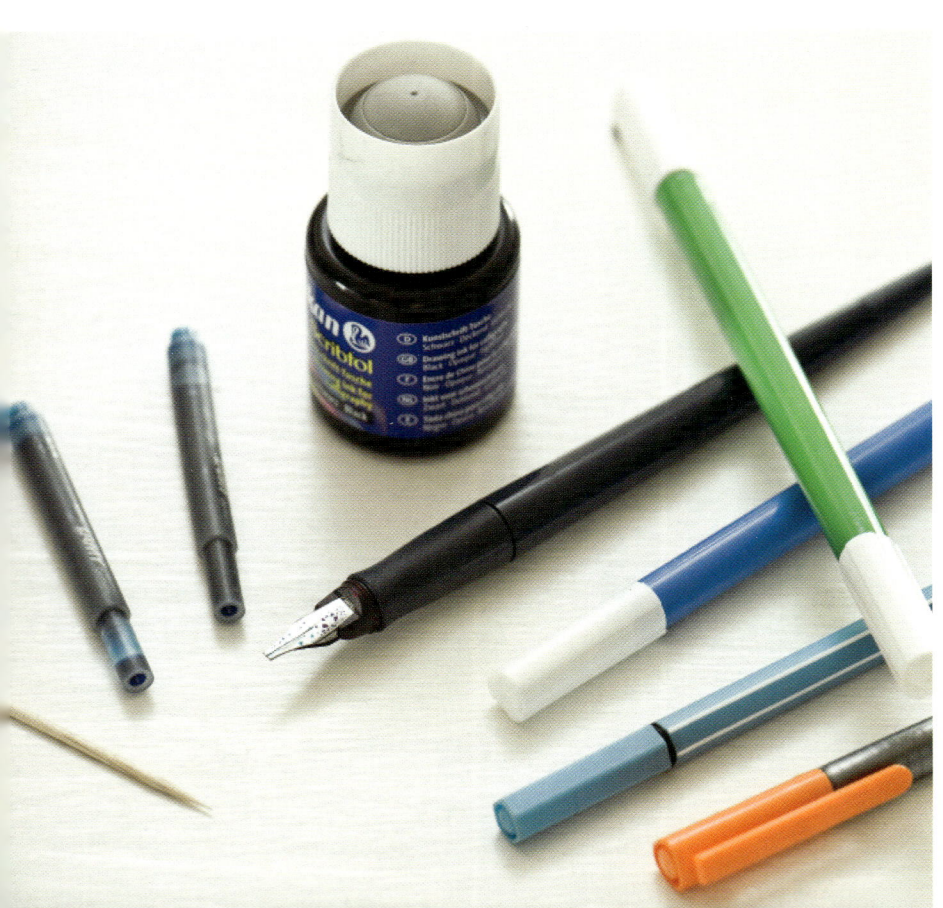

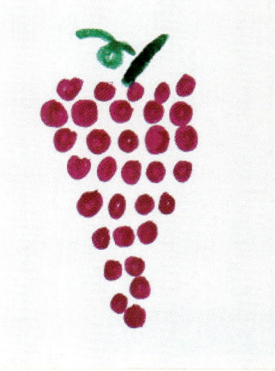

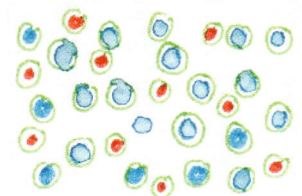

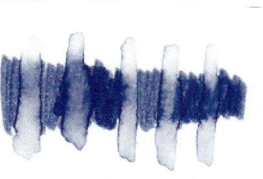

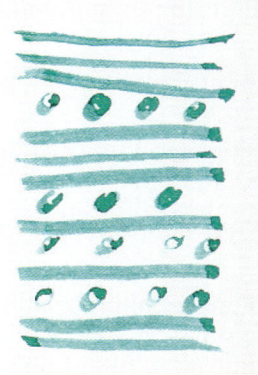

WASSERSPIELE

MATERIAL
Filzstifte
Pinsel
Papier

Aquarellieren mit Filzstiften? Du brauchst nur einen feinen Haarpinsel, Wasser und Filzstifte natürlich. Zuerst malst du wie üblich. Dann tauchst du den Pinsel ins Wasser und fährst einzelne Linien leicht nach. Siehst du, wie sich die Farben durch das Wasser verändern?

Kein Wunder, dass diese Vogelviecher feuchte Füße kriegen.

Auch der Fisch scheint sich in
all dem Wasser recht wohlzu-
fühlen.

Und das umso mehr,
wenn er nicht ganz
allein ist.

81

SCHATZKARTEN

MATERIAL
Füller
Schwarze Tinte
Papier

Bei Geheimschriften bestimmst nur du, wer was entziffern kann. Am einfachsten geht's, wenn du das Alphabet erst vollständig aufschreibst und darunter deine erfundenen Buchstaben ergänzt. Die Buchstaben können unserem Alphabet ähneln oder ganz anders sein.

Geheimschriften müssen unter Umständen schnell zu Papier gebracht werden. Umso besser, wenn deine Buchstaben nicht allzu kompliziert sind. So sparst du beim Verfassen geheimer Botschaften Zeit – und die brauchst du für eine ausführliche Schatzkarte. Denn mit Füller und Tinte kannst du nicht nur schreiben, sondern auch wunderbar zeichnen.

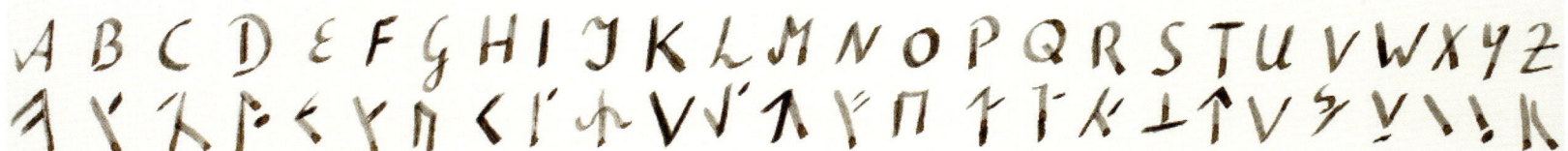

Fremde Länder:
Johannes, 12 Jahre
▶

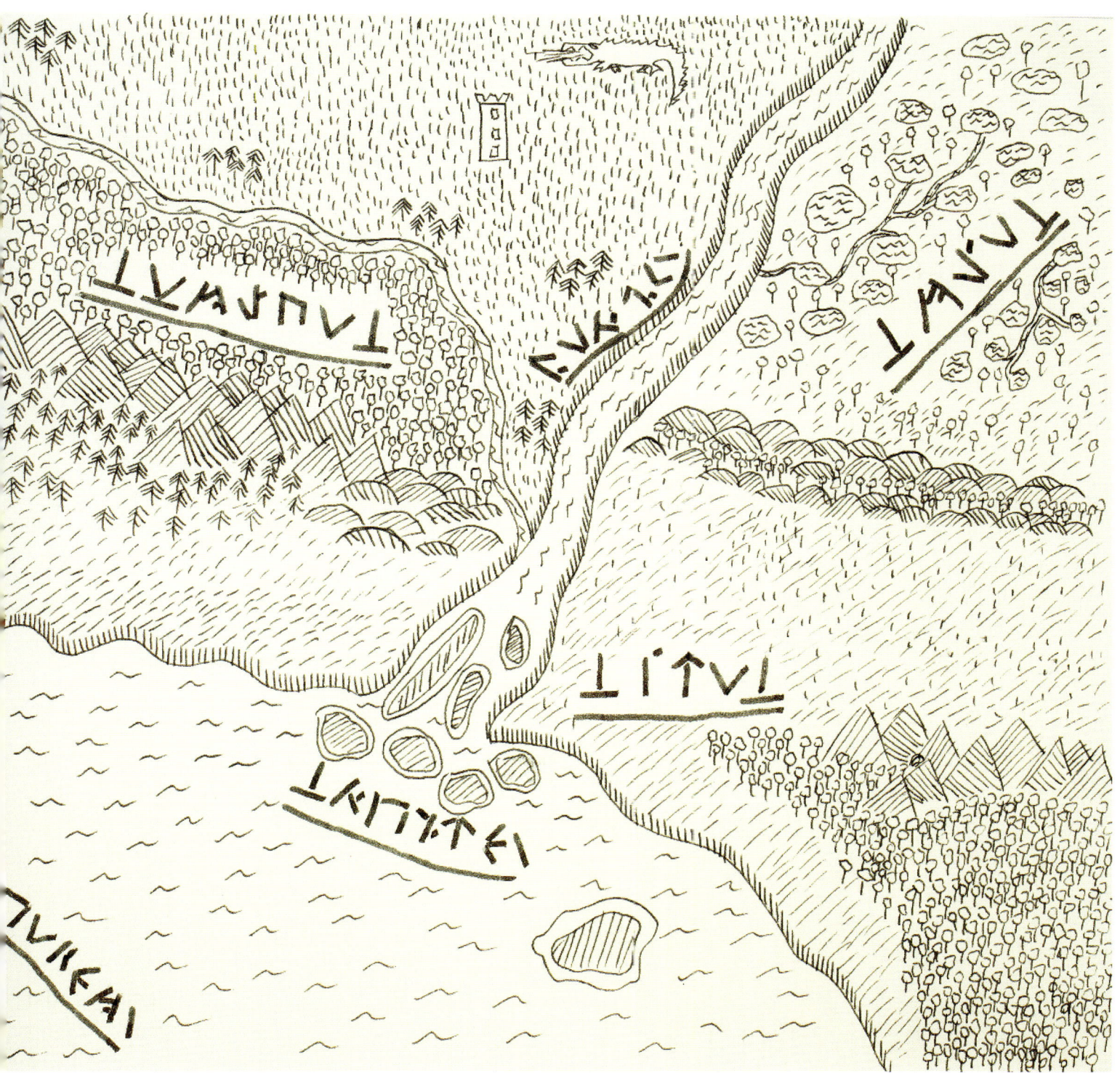

83

DRUCKEN
STEMPELN

⊙ Drucken und Stempeln kannst du mit allem Möglichen: mit Flaschendeckeln, Korken, Hölzchen, Wattestäbchen, Luftpolsterfolie (die mit den runden Blasen), Gummistücken, alten Zahnbürsten, Schuhsohlen ... Du brauchst noch einen Pinsel und etwas Deck- oder Bastelfarbe. Die streichst du auf die Gegenstände und drückst diese dann auf Papier. Das Ganze heißt Materialdruck, die Gegenstände, mit denen du stempelst, nennt man Druckstock.

♣ Beim Schwammdruck verwendest du (wie der Name schon sagt) Schwämme aller Art. Gut eignen sich in Stücke gerissene Haushaltsschwämme. Aber du kannst auch Farbwalzenrollen oder Naturschwämme ausprobieren. Mit den Schwammstückchen nimmst du etwas Farbe auf und druckst diese aufs Papier. Dabei kannst du zusätzlich mit der Hand drehende oder wischende Bewegungen machen. Wenn du ein paar Papierstellen erst mit Malerkrepp abklebst, mit verschiedenen Farben bedruckst und später die Klebebandstreifen wieder abziehst, entsteht ein lustiges Streifenmuster. Oder du legst ein kleines Maschendrahtstück auf und stupfst mit der Farbe darüber. Dann hast du Karos.

✚ Drucken kannst du auch mit Moosgummi, aus dem du einfache Formen ausschneidest. Zum Beispiel Kreise, Dreiecke oder Rechtecke. Diese lassen sich sofort als Druckstock verwenden oder erst auf Holzklötzchen kleben. Am besten verwendest du für diese Technik farbige Stempelkissen.

✳ Deine Moosgummistempel lassen sich noch verfeinern: Du nimmst einen gut gespitzten Bleistift und ritzt damit Details, Strukturen und Muster in das Moosgummi. Dann stempelst du wie gehabt. Alle Einritzungen bleiben auf dem Papier weiß.

⊙ Mit Filzstiften kannst du ebenfalls drucken. Die dürfen allerdings nicht ausgetrocknet, sondern sollten schön feucht sein. Auch bei dieser Technik ritzt du erst mal mit Bleistift das Motiv in das Moosgummi. Dann fährst du die Linien mit Filzstift nach und druckst das Ganze auf Papier. So lassen sich zum Beispiel Buchstaben stempeln. Aber denk daran: Du musst beim Stempeln alle Bilder und Buchstaben immer spiegelverkehrt in das Moosgummi ritzen. Nur dann erscheinen sie richtig herum auf dem Papier.

MATERIALDRUCK

MATERIAL
Verschiedene Druckmaterialien:
Stiftekappen, Flaschendeckel, Luftpolsterfolie,
Wattestäbchen usw.
Bastelfarben
Pinsel
Papier

Kreismuster:
Chiara, 6 Jahre, Giulia und
Jacqueline, 10 Jahre
▼

Kreise, Kreise und noch mehr Kreise. Das ist die Form, um die sich hier alles dreht. Groß oder klein, dünn oder dick: Mit und ohne Überschneidungen entstehen wunderschöne Musterreihen. Eine Einheit innerhalb einer sich wiederholenden Musterreihe nennt man übrigens Musterrapport.

Probiere verschiedene Muster aus und verwende nur wenige Farben. Denn bei dem ganzen Gekreise ist hier schon genügend los. Mehr zum Materialdruck findest du auf Seite 84. Wenn du möchtest, kannst du auf deinen bedruckten Papieren die schönsten Ausschnitte suchen, ausschneiden und zu bunten Kreis-Postkarten zusammenkleben.

Tier-Treff:
Giulia, 10 Jahre

SCHWAMMDRUCK

MATERIAL
Schwämme
Bastelfarben
Papier

Hier siehst du, wie sich mit Schwammdruck
Bewegung darstellen lässt. Denn Farbtupfen
in Reih und Glied sehen ganz anders aus als
wilde Wellenlinien. Natürlich kannst du auch
Schwamm- und Materialdruck kombinieren. Bei
dem planschenden Ungetüm sind zum Beispiel
die kleinen Kreise mit Wattestäbchen gedruckt.

Es lohnt sich, mit Schwammdruck gleich mehrere Buntpapiere auf einmal zu gestalten. Aus
denen kannst du, wann immer du willst, bunte
Bilder zusammenkleben.

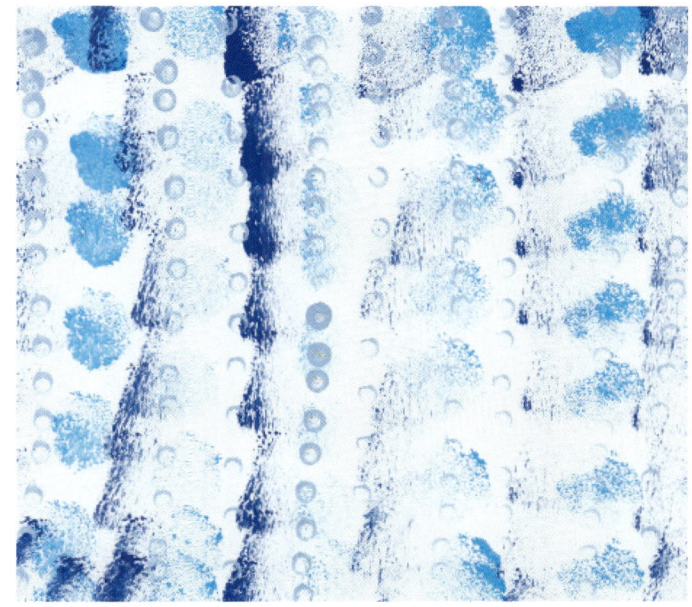

89

DRUCKEN STEMPELN

ABCCBABC

MATERIAL
Filzstifte
Moosgummi
Stempelkissen
Bleistift
Buntstifte
Papier

A ist nicht gleich A und B schon gar nicht gleich B. Denn ein- und derselbe Buchstabe kann immer wieder anders aussehen: dick, dünn, gerade, schief, groß, klein, verschnörkelt, schwungvoll, gestaucht, lustig, streng, mit Füßchen, ohne Füßchen, offen, geschlossen …
Wenn du verschiedene Bücher und Zeitschriften miteinander vergleichst, siehst du, dass es viele verschiedene Schriften gibt.

Auf Seite 85 wird beschrieben, wie du mit Moosgummi und Filzstiften feine Motive einfach drucken kannst: Mit einem Bleistift ritzt du die Form ein, fährst sie mit einem Filzstift nach und druckst das Ganze auf Papier. Das ist eine ideale Technik für eigene Buchstabenstempel und du kannst dir so ganze Schriftsätze ausdenken – Buchstabentiere inbegriffen.

Tipps

⊙ Das Stempelmotiv immer spiegelverkehrt einritzen. Damit's einfacher wird, lassen sich die Buchstaben mit Transparentpapier spiegelverkehrt auf das Moosgummi übertragen (siehe Seite 146).
⊙ Mit Bleistift und Buntstiften kannst du nach dem Stempeln Details in die Buchstaben zeichnen.

AFRIKA

MATERIAL
Moosgummi
Stempelkissen
Wachsmalstifte
Bleistift
Papier

Die Musterstempel ritzt du, wie auf Seite 85 beschrieben, mit Bleistift in ein Stück Moosgummi. Damit kannst du direkt stempeln. Oder du bemalst das ganze Papier erst einmal mit Wachsmalkreiden in verschiedenen Farben und stempelst dann die Muster: Die Untergrundfarben schimmern durch die weißen Stellen, wodurch das Bild sehr lebendig aussieht.

✳ **Kleisterpapiere:** Hier brauchst du erst einmal Kleister. Auf der Packung steht, wie du ihn anrühren musst. Während der Kleister ruht, deckst du die Arbeitsfläche mit einer Kunststofffolie gut ab. Dann streichst du weiße Papierbögen großzügig mit Kleister und einem breiten Pinsel ein. Mit einem etwas feineren Pinsel streichst du Farben auf, als Streifen, Punkte, Dreiecke, Wellenlinien, Flächen ... Du kannst Plakat- oder Bastelfarben verwenden.

Für die Muster eignen sich verschiedene Werkzeuge: Gabeln, Kämme, Zacken-Spachtel aus dem Baumarkt und selbst geschnittene Kämme aus dünner Pappe. Mit diesen Werkzeugen ziehst du Muster in die Kleister-Farbschicht, gerade oder schräg, als Halbkreise, Wellen oder Karomuster.

Nachdem die Papierbögen getrocknet sind, presst du sie ein paar Tage unter einem schweren Bücherstapel. Dann sind sie wieder schön glatt.

94

⚫ **Schablonenpapiere:** Die Schablonen schneidest du aus Papierstreifen zu. Du kannst in die Ränder Zacken oder Wellen schneiden. Oder du schneidest im Streifeninneren Muster aus. Schön sind außerdem kleine Kreise, die sich mit jedem Bürolocher ausstanzen lassen.

Auch für diese Technik brauchst du Plakat- oder normale Bastelfarben, die du mit einem Stück Haushaltsschwamm oder einer kleinen Farbrolle aufträgst. Für die Muster legst du deine Schablone auf und tupfst oder rollst mit der Farbe darüber. Dann versetzt du die Schablone etwas nach links oder rechts und machst das Ganze noch mal und noch mal und noch mal ... Dort wo Papier aufliegt, bleibt alles weiß, sodass die Muster entstehen. Du kannst die Schablonen auch drehen und wenden, die Muster sich überschneiden lassen und mit verschiedenen Farben arbeiten.

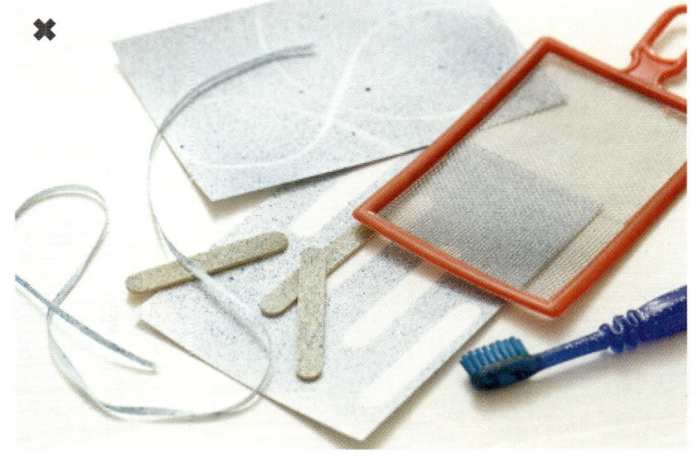

✖ **Sprühpapiere:** Du brauchst eine ausgediente Zahnbürste, ein feines, starres Maschendrahtstück oder ein Spritzgitter, Plakat- oder Bastelfarben, Papier und kleine Dinge zum Auflegen. Bevor es losgeht, deckst du auch bei dieser Technik den Arbeitsplatz gut ab. Dann tauchst du die Zahnbürste in stark verdünnte Farbe, hältst das Gitter etwa 30 cm über den Papierbogen und reibst die Zahnbürste darüber. Auf dem Papier entstehen feine Sprengsel. Wenn du Münzen, Gummibänder, Hölzchen oder Bänder auflegst, bleiben diese Stellen weiß.

GESCHENKPAPIERE

MATERIAL

Plakat- oder Bastelfarben
Große Papierbögen
Kleister
Pinsel
Haushaltsschwamm oder kleine Farbwalze
Schere
Maschendraht oder Spritzgitter
Alte Zahnbürste
Kleine Dinge zum Auflegen: Gummibänder,
Bänder, Münzen, Hölzchen usw.

Die großen Papierbögen gestaltest du, wie auf Seite 94/95 beschrieben, als Kleister-, Schablonen- oder Sprühpapiere. Nicht mehr und nicht weniger.

Am besten gehst du gleich in Serienproduktion. Denn mit den Buntpapieren kannst du nicht nur Geschenke einpacken, sondern auch Bücher oder Schachteln beziehen, Collagen kleben oder Grußkarten basteln.

Schablonen- und Kleisterpapiere:
Chiara und Franca, 6 Jahre
Giulia, 10 Jahre

MARKTPLATZ

MATERIAL
Buntpapiere
Klebestift
Dünner Karton
Schere

Die Buntpapiere hier wurden in den unterschiedlichsten Techniken gestaltet: mit Materialdruck und Schwammdruck (siehe Seite 84), Wachsmalkreiden (siehe Seite 58), Aquarellstiften (siehe Seite 73) oder Schablonendruck (siehe Seite 95). Für die Häuser brauchst du aber nur ein paar Restschnipsel.

Die Häuserformen sind aus dünnem Karton geschnitten. Die beklebst du mit deinen Buntpapieren, wie es dir gefällt. Oder du bemalst sie direkt, so wie bei dem Bild unten.

Damit die Häuser stehen, baust du ihnen eine kleine Stütze aus Karton. Hierfür faltest du ein Papprechteck im rechten Winkel und klebst es auf die Rückseite der Häuser.

Haus: Chiara, 6 Jahre

100

MODELLIERWERKSTATT

✖ Knete oder Plastilin gehören zu den Modelliermassen. Aber auch andere Knetmassen, die an der Luft oder im Backofen hart werden. Es gibt sie in vielen bunten Farben. Wenn du im Ofen härtende Modelliermasse verwendest, musst du Backzeit und -temperatur genau einhalten. Beachte die Angaben auf der Verpackung.

◉ Du kannst die Modelliermasse mit einem Nudelholz dünn ausrollen und mit dem Cutter Formen herausschneiden. Auf Seite 106/107 siehst du, wie sich mit solchen Formen ein Windlicht dekorieren lässt.

♣ Mit dem Cutter kannst du die ausgerollte Masse in schmale Streifen schneiden. Schichte Streifen in verschiedenen Farben übereinander. Aus dieser Streifenmasse entstehen dann zum Beispiel Anhänger und Armreif von Seite 104/105.

✳ Reste lassen sich gut zu Perlen verarbeiten. Wenn du verschiedenfarbige Reste zusammen zwischen deinen Handflächen rollst, sehen die fertigen Perlen wie marmoriert aus.

Schmuck

MATERIAL
Modelliermasse (ofenhärtend
oder lufttrocknend)
Nudelholz
Cutter
Lineal
Zahnstocher
Sticknadel
Zange
Silberdraht
Elastikfaden

Aus ganz vielen geschichteten Streifen (siehe Seite 103) wird ein Armreif. Schneide die Ränder mit Cutter und Lineal gerade und biege die Enden zum Ring. Ein Stück bleibt offen. Es soll so schmal sein, dass dein Handgelenk gerade hindurchpasst.

Für den Anhänger schneidest du ein Quadrat aus der Streifenmasse. Mit einem Zahnstocher oder einer Nadel bohrst du einen kleinen Tunnel. Nach dem Aushärten schiebst du den Silberdraht durch den Tunnel und biegst ihn mit der Zange schön rund. Biege die beiden Drahtenden zu Ösen, die du ineinanderschieben kannst, um den Halsreif zu schließen.

Auf Seite 103 erfährst du auch, wie du die Perlen herstellst. Durchbohre alle Perlen mit dem Zahnstocher. Nach dem Aushärten fädelst du deine Perlen auf einen Elastikfaden und verknotest die Fadenenden.

Erfinde noch mehr Schmuckstücke. Wenn du Lust hast, kannst du aus Modelliermasse auch eine Schmuckdose kneten, wie hinten auf dem Foto zu sehen.

Armreif: Zoe, 8 Jahre
Schmuckdose und Ring: Max, 10 Jahre

104

WINDLICHTER

MATERIAL
Modelliermasse (ofenhärtend
oder lufttrocknend)
Nudelholz
Cutter
Windlichter

Wie du Formen aus der gewalzten Modelliermasse ausschneidest, erfährst du auf Seite 102.
Drücke die Formen fest auf das Glas des Wind-
lichts oder rolle noch mal vorsichtig mit dem
Nudelholz darüber. Dafür kannst du auch eine
Gummiwalze oder eine gerade geformte Glas-
flasche verwenden.

Daneben gibt es transparente (das heißt durch-
sichtige) Modelliermasse. Wenn du die ganz
dünn auswalzt, kannst du ein Windlicht aus
Glas komplett damit verkleiden. So erhält das
Windlicht zum Beispiel eine blaue Grundfarbe.
Zusätzlich kannst du es noch mit einer andersfarbigen Blüte schmücken. Das Licht der Kerze
schimmert schön durch das verkleidete Glas.

Um Pappmaschee herzustellen, brauchst du Tapetenkleister und Papier. Für feste Pappmascheeformen nimmst du Zeitungspapier. Soll die Form lichtdurchlässig werden (zum Beispiel für einen Lampion), ist Transparentpapier das Richtige.

✱ Als Grundform dient ein Luftballon. Damit der Ballon nicht wegrutschen kann, bindest du eine Schnur an und ziehst sie durch das Loch am Boden eines Blumentopfes.

◉ Den Tapetenkleister rührst du mit Wasser an. Das Verhältnis von Wasser zu Kleisterpulver steht auf der Packung. Das Papier reißt du in ganz viele Schnipsel. Tauche die Schnipsel in den Kleister und lege sie in mehreren Schichten auf den Ballon. Am unteren Ende bleibt ein kleines Stück unbeklebt.

Es ist wichtig, dass du immer wieder mit Kleisterhänden über den Ballon streichst, um die Papierschichten zu glätten.

108

✖ Du legst etwa fünf Papierschichten auf. Für die letzte Schicht kannst du Schnipsel aus bunten Transparentpapieren verwenden.

◉ Pappmaschee muss lange, am besten zwei Tage, trocknen. Dann stichst du den Ballon an der unbeklebten Stelle an und bringst ihn zum Platzen. Halte den Knoten gut fest. Ist die Luft raus, ziehst du den Ballon am Knoten aus der Pappmascheeform. Fertige Pappmascheeformen kannst du mit Plakatfarbe bemalen und mit Tonkarton nach Lust und Laune dekorieren.

LAMPIONS

MATERIAL
Butterbrotpapier
Buntes Transparentpapier
Tapetenkleister
Luftballon
Blumentopf

Schnur
Schere
Runder Motivlocher
Pfeifenputzer
Bambusstab
Draht
Alleskleber
Teelicht

Mit der auf Seite 108/109 beschriebenen Technik stellst du die Lampionform aus Butterbrotpapier und Kleister her. Für die letzte Schicht kannst du buntes Transparentpapier zu Schnipseln reißen oder ausstanzen.

Ist der Lampion gut getrocknet, stichst du den Ballon an und ziehst ihn am Knoten heraus. Oben bleibt der Lampion offen. Mit der Schere kannst du den Rand der Öffnung begradigen. Bohre zu beiden Seiten Löcher für den Henkel in den Lampion. Als Henkel dient ein Stück Pfeifenputzer. Du kannst deinen Lampion mit Draht an einem Bambusstab befestigen. Im Inneren klebst du ein Teelicht am Boden fest.

HANS HAHN

MATERIAL
Zeitungen
Tapetenkleister
Luftballon
Blumentopf
Schnur
Schere
Cutter
Plakatfarbe
Pinsel
Bunter Tonkarton
Klebestift

Den Körper stellst du mit Zeitungspapier, Tapetenkleister und Luftballon her, wie auf Seite 108/109 beschrieben. Hast du den geplatzten Luftballon aus der fertigen Form herausgezogen, verschließt du das Loch am Kopf des Hahns mit weiteren Zeitungspapierschnipseln. Das Pappmaschee muss ganz durchgetrocknet sein. Dann kannst du die Form mit Plakatfarbe bemalen.

Aus buntem Tonkarton schneidest du Schnabel, Hahnenkamm, Kehllappen, Augen sowie Flügel zu und alles, was dir sonst noch einfällt. Als Schwanz kannst du bunte Tonpapierstreifen ankleben. Schneide am Kopf mit dem Cutter einen Schlitz und schiebe den Kamm hinein. Die übrigen Teile klebst du mit Klebestift fest.

Gips kannst du in Pulverform als Modelliergips kaufen. Du kannst aber auch mit Gipsbinden arbeiten. Das ist einfacher, weil du Gipsbinden nur in Wasser eintauchen musst. Modelliergips rührst du mit Wasser an, bis ein zäher Brei entsteht. Dann muss alles sehr schnell gehen, weil Modelliergips in ganz kurzer Zeit hart wird. Man sagt, „er bindet schnell ab". Zum Anrühren gibt es im Baumarkt kleine Gummibehälter. Auch angetrocknete Gipsreste kannst du aus diesen Schüsseln leicht wieder herausdrücken. Gips darfst du nicht in den Abfluss schütten.

⊙ Als Gipsformen kannst du Schachteln, Dosen und Plastikbecher verwenden. Sie sollten nicht zu groß sein. Sonst ist es schwierig, den Gips schnell genug gleichmäßig zu verteilen. Sehr gut eignen sich Zahnpastaschachteln und Toilettenpapierrollen. Die Rollen verschließt du an einem Ende mit einem Stück festen Karton. Dann füllst du den Gipsbrei mit einem Spachtel in die Form. Die Form soll ganz mit Gips ausgefüllt sein. Der Gips wird warm, wenn er abbindet.

♣ Wenn der Gips hart ist, kannst du die Schachtel aufreißen und den Gipsklotz herausholen. Der Klotz hat jetzt bestimmt noch ein paar unebene Stellen. Mit Schleifpapier kannst du ihn von allen Seiten glätten.

◉ Du brauchst die Hilfe deines Freundes oder deiner Freundin, um eine Gipsmaske von deinem Gesicht herzustellen. Creme dein Gesicht gut mit Vaseline ein, damit sich die Maske später leicht ablösen lässt. Deine Haare schützt du am besten mit einem Kopftuch. Die Gipsbinden (ungefähr 3 m) schneidest du in kleine Stücke. Dein Helfer taucht die Stücke in Wasser und legt sie auf dein Gesicht. Die Stücke sollen sich an den Rändern überlappen. Es werden etwa sechs Schichten gebraucht. Die Nasenlöcher bleiben natürlich frei, damit du atmen kannst. Auch die Augen können frei bleiben. Wichtig ist, dass dein Helfer immer wieder mit feuchten Händen über das Gesicht streicht. So verteilt sich der Gips und die Maske wird schön glatt. Der Gips trocknet schnell. Und die Maske lässt sich gut ablösen, wenn du ein paar Grimassen schneidest. Du kannst deine Maske auch noch verändern (zum Beispiel durch einen Schnabel). Die Form schneidest du aus Karton zu. Mit einigen Gipsstreifen verbindest du sie mit der Maske und verkleidest sie ganz.

✖ Durchgetrocknete Gipsmasken kannst du mit Plakatfarbe bemalen. Dekoriere die Maske so, wie es dir gefällt. Für eine Papageienmaske eignen sich zum Beispiel bunte Federn.

115

BAUKLÖTZE

MATERIAL

Modelliergips
Zahnpastaschachteln
Toilettenpapierrollen
Joghurtbecher

Kleine Milchtüten
Schleifpapier
Lebensmittelfarbe oder
Wasserfarbe und Pinsel

Auf Seite 114 steht, wie die Gipsbauklötze entstehen. Für die Bauklötze auf dem Foto wurde der Gipsbrei mit Lebensmittelfarbe eingefärbt. Die Farbe bleibt nach dem Trocknen aber ziemlich blass. Außerdem färbt sie etwas ab. Deshalb ist es besser, wenn du die fertigen Bauklötze mit Wasserfarbe bemalst.

MASKEN

MATERIAL

Gipsbinden
Schere
Vaseline
Plakatfarbe
Pinsel
Tonkarton
Pfeifenputzer
Bunte Federn
Alleskleber
Gummiband

Wie du mit Gipsbinden einen Abdruck von deinem Gesicht machen kannst, erfährst du auf Seite 115. Die getrocknete Gipsmaske bemalst du so, dass sie zu deiner Faschingsverkleidung passt.

Papageienmaske: Zoe, 8 Jahre
Teufelsmaske: Max, 10 Jahre

Pfeifenputzer lassen sich übrigens gut zu Hörnern biegen. An der Stirn bohrst du zwei Löcher in die Maske. Du schiebst die Pfeifenputzer hindurch und biegst die Enden auf der Rückseite um.

Damit die Maske auf deinem Gesicht gut hält, bohrst du an jeder Seite ein Loch. Dann ziehst du ein Gummiband durch die Löcher. Setze die Maske auf und teste, wie lang das Gummiband sein muss. Du schneidest das Band auf die richtige Länge und machst auf beiden Seiten einen Knoten.

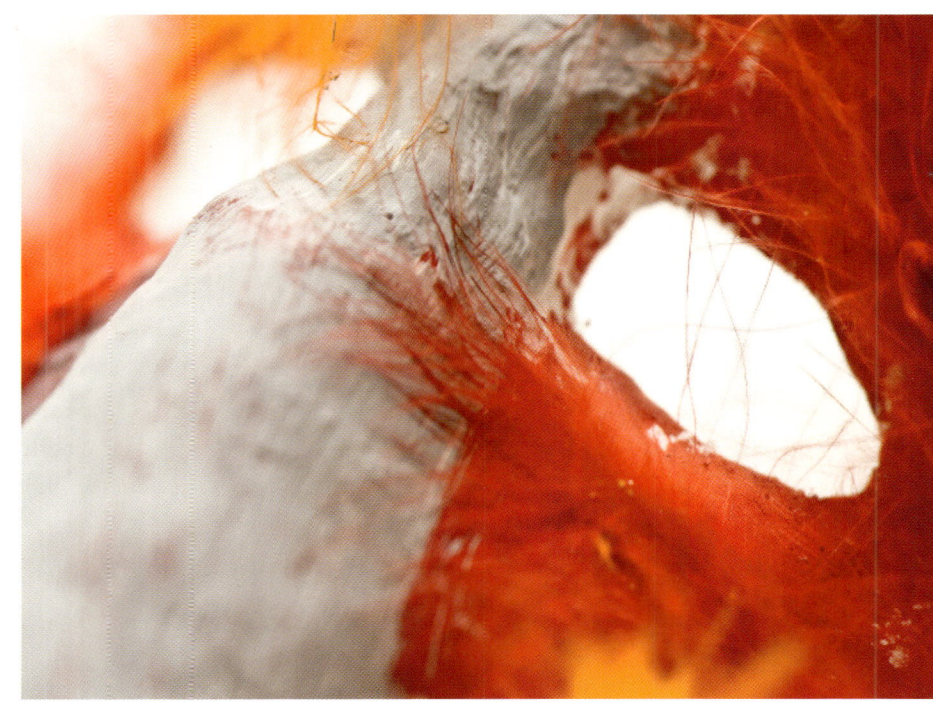

✖ Du brauchst nur wenige Zutaten für den Salzteig, nämlich 400 g Mehl, 200 g Salz und ½ l warmes Wasser. Länger haltbar wird der Teig, wenn du zwei Esslöffel Alaun aus der Apotheke hinzugibst. Du vermischst alle Zutaten und knetest den Teig kräftig durch. Er soll nicht mehr an deinen Händen kleben, aber auch nicht bröckelig sein. Je nachdem, gibst du noch mehr warmes Wasser oder mehr Mehl hinzu. Mit Lebensmittelfarbe kannst du den Teig einfärben.

● Aus Salzteig lassen sich nur schlecht schmale und hohe Formen kneten. Denn der Teig sackt schwerfällig nach unten. Es ist also gut, wenn deine Salzteigfiguren eine große Bodenfläche haben. Setze nicht zu viele Stücke an, sondern arbeite die Figur aus einer Form heraus. Für das Krokodil rollst du zum Beispiel eine lange Wurst. An Kopf und Schwanzspitze lässt du die Figur schmaler zulaufen. Mit dem Fingernagel oder einem Zahnstocher kannst du die Mundlinie einritzen. Die Rückenzacken formst du mit den Fingerspitzen.

♣ Zum Dekorieren der Salzteigfiguren eignen sich viele Dinge aus dem Gewürzregal. Zum Beispiel können aus Pfefferkörnern oder Wacholderbeeren die Augen, aus Gewürznelken die Zähne entstehen. Die fertig geformte Figur muss sehr lange bei etwa 75 °C im Backofen trocknen.

⊙ Um Türschilder aus Salzteig herzustellen, rollst du mit dem Nudelholz eine Fläche aus. Aus langen Teigwürsten bildest du die Buchstaben. Du befestigst sie mit Zahnstochern auf der Grundfläche. Kürze die Zahnstocher so, dass sie nicht mehr aus dem Teig herausragen.

FANTASIETIERE

MATERIAL
Mehl
Salz
Alaun
Lebensmittelfarbe
Pfefferkörner

Auf Seite 120 wird beschrieben, wie du den Salzteig herstellst. Du färbst ihn mit verschiedenen Lebensmittelfarben ein und formst daraus Tiere mit einer großen Bodenfläche. Die gelbe Schweinedame auf dem Foto trägt zum Beispiel ein Kleid mit Schleppe. Dadurch vergrößert sich die Fläche, die den Boden berührt. Das Nilpferd steht nicht nur auf seinen Beinen. Sein dicker Bauch liegt auch auf dem Boden auf und sorgt für eine stabile Form.

Als Augen dienen Pfefferkörner. Du kannst sie genauso gut in die Schweineschnauzen stecken, um die Nasenlöcher zu betonen.

TÜRSCHILDER

MATERIAL
Mehl
Salz
Alaun
Lebensmittelfarbe
Nudelholz
Zahnstocher
Nagel

Praktisch, wenn du einen Namen hast, der nur aus wenigen Buchstaben besteht! Dann bist du ruck, zuck fertig mit deinem Türschild. Alles, was du zur Herstellung wissen musst, steht auf Seite 120/121. Vergiss nicht, am oberen Rand mit einem Nagel zwei Löcher in den Teig zu bohren, damit du das getrocknete Türschild später aufhängen kannst.

MODELLIER-WERKSTATT | TON

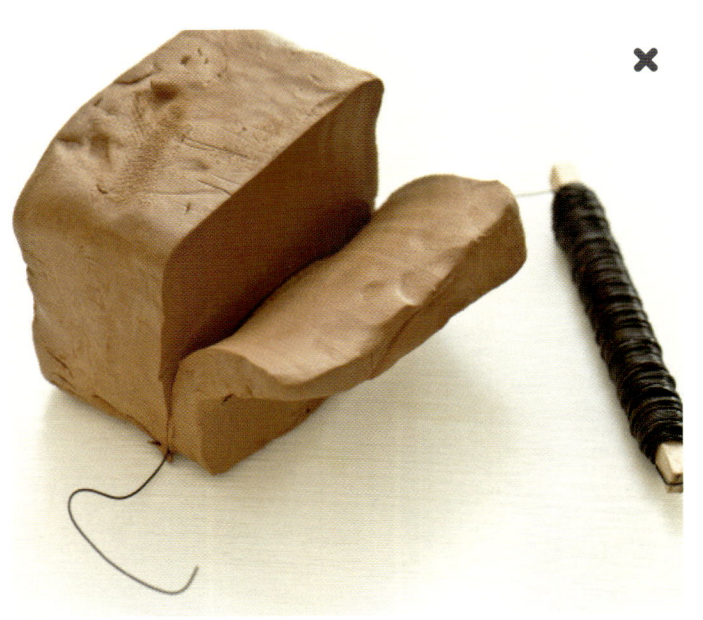

✕ Normalerweise muss Ton mit Schamotte (das ist gebrannter und gemahlener Ton) versetzt und zum Härten im Brennofen bei ungefähr 900 °C gebrannt werden. Inzwischen gibt es aber sogenannten Soft-Ton, den du brennen, aber auch an der Luft trocknen kannst. Du musst also keinen Brennofen haben, wenn du mit Ton arbeiten willst. Das Trocknen an der Luft dauert etwa zwei Tage.

Ton gibt es in vielen Erdfarben, zum Beispiel in Gelb, Weiß, Rot, Dunkelbraun … Wenn der Ton keine Glasur bekommen soll, ist ein dunklerer Farbton wie das Rot sehr schön. Die getrock-

○

nete Form bekommt eine Terrakotta-Farbe, ähnlich wie ein Blumentopf.

✖ Ton kaufst du in schweren Blöcken. Die heißen Hubel. Um Ton zu schneiden, verwendest du am besten ein Stück Draht, wie auf dem Foto zu sehen.

◉ Um Körper und Kopf von Tieren zu formen, rollst du ein Stück Ton mit beiden Handflächen. Es entsteht eine breite Rolle, die du dann mit deinen Daumen bearbeiten kannst. Abstehende Körperteile wie Beine und Ohren formst du gesondert. Mit einer Gabel kannst du die Verbindungsflächen anrauen. Dann setzt du die Teile aufeinander. Mit feuchten Fingern streichst du über die Verbindungsstellen. Verstreiche sie sorgfältig, bis kein Ansatz mehr zu sehen ist.

♣ Gefäße kannst du aus Tonwülsten aufbauen. Du rollst lange Tonwülste aus und legst sie ringförmig übereinander. Die Verbindungsflächen raust du mit einer Gabel etwas an. Befeuchte deine Finger, bevor du die Ansatzstellen verstreichst.

◉ Mit dem Nudelholz walzt du Tonplatten aus. (Man spricht von Plattentechnik.) Mit einem Glas kannst du den Boden deines Tongefäßes aus der Tonplatte ausstechen. Dünn ausgewalzte Platten eignen sich gut, um Gefäße verkleiden, die du in der Wulsttechnik aufgebaut hast.

127

DICKHÄUTER

MATERIAL

Ton (brennbar und lufttrocknend)
Draht
Gabel

Die beiden Dickhäuter entstehen aus einer breiten Tonrolle, wie auf Seite 127 beschrieben. Beim Nilpferd kannst du mit deinen Daumen und Fingerspitzen alle Körperteile aus der Rolle herausarbeiten. Ohren, Beine, Rüssel und Schwanz des Elefanten formst du gesondert und setzt sie später an den Körper an. Die Ansatzstellen immer gut mit Wasser verstreichen!

STIFTEBECHER

MATERIAL
Ton (brennbar und lufttrocknend)
Draht
Gabel
Nudelholz
Glas

Beim Stiftebecher wendest du die Wulst- und
die Plattentechnik an (siehe Seite 127). Zum
Ausstechen des Becherbodens aus der Tonplatte brauchst du ein Glas. Auf diesen Boden legst
du viele Tonwülste ringförmig übereinander.
Hast du die gewünschte Höhe erreicht, verkleidest du das Gefäß von außen mit einer dünn
ausgewalzten Tonplatte. Damit das Gefäß glatt
und stabil wird, verstreichst du alle Ansatzstellen mit feuchten Fingern.

132

133

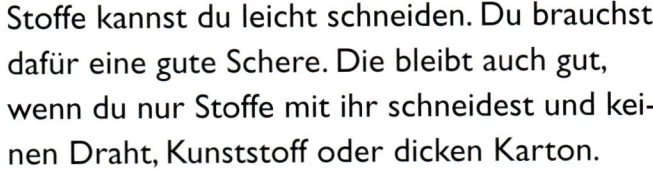

REISSEN
SCHNEIDEN

Stoffe kannst du leicht schneiden. Du brauchst dafür eine gute Schere. Die bleibt auch gut, wenn du nur Stoffe mit ihr schneidest und keinen Draht, Kunststoff oder dicken Karton.

Die meisten Stoffe fransen an den Schnittkanten aus. Manche mehr, manche weniger. Um das zu verhindern, gibt es Zackenscheren. Mit ihnen schneidest du Zickzackränder, wodurch sie weniger ausfransen. Zackenscheren sind oft schwer, beim Zuschneiden brauchst du vielleicht Hilfe.

Stoffe kannst du nicht nur schneiden, sondern auch reißen. Allerdings nur in eine Richtung. Jeder Stoff ist gewebt und hat also Kettfäden und Schussfäden (siehe Seite 190). Die Richtung, in die die Kettfäden verlaufen, heißt Fadenlauf. Und in Richtung Fadenlauf kannst du einen Stoff reißen. Am einfachsten geht das, wenn du erst einen kleinen Schnitt machst und dann die beiden Stoffhälften kräftig auseinanderziehst.

WIMPELKETTE

MATERIAL
Baumwollstoffe
Band
Textil- oder Alleskleber
Schere

Für die Wimpel schneidest du aus bunten Baumwollstoffen Rechtecke aus und franst die Ränder aus. In die Unterkante der Rechtecke schneidest du zwei oder drei kleine Schnitte und reißt daran die Fransen ein. Die Oberkante der Rechtecke klebst du um ein Band. Das Ganze wiederholst du so oft, bis du ausreichend Wimpel beisammen hast.

137

MUSTER-STOFFE

MATERIAL
Bastelfilz
Bunte Stoffe
Nähgarn
Nadel
Schere
Bürolocher oder Lochzange

Bastelfilz ist ein sehr praktisches Material: Es gibt ihn in vielen Farben, er ist robust, franst beim Schneiden nicht aus und lässt sich sogar lochen. Und du kannst mit ihm dicke Muster-Stoffe neu zusammensetzen.

Du schneidest eine Grundfläche aus Filz zu, auf der du Rechtecke aus bunten Baumwollstoffen verteilst. Dann schneidest du entsprechend große Rechtecke aus Filz, in die du Fenster und Spalten schneidest. Durch die blitzen die bunten Baumwollstoffe hervor. Außerdem kannst du in den Filz hübsche Muster, wie auf Seite 18 beschrieben, schneiden, indem du ihn vorher zusammenfaltest. Oder du stanzt Löcher aus. Die Filzrechtecke legst du auf die Baumwollstoffe. Vor dir liegen jetzt drei Schichten aufeinander, die du von Hand mit einem Vorstich (siehe Seite 158) zusammennähst.

Aus diesem neu zusammengesetzten Stoff kannst du nähen, was du willst. Zum Beispiel ein Kissen.

KLEBEN
NIETEN

⊙ Willst du Stoff auf Stoff kleben, kannst du ein spezielles Klebevlies verwenden. Du legst die raue Vliesseite auf den Stoff und bügelst über die glatte Papierseite. Dabei verbindet sich das Vlies mit dem Stoff. Am besten stellst du Papierschablonen von den Formen her, die du aus dem Stoff ausschneiden willst. Du legst die Schablone auf die glatte Papierseite und umfährst sie mit einem Bleistift. Denke daran, dass du die Schablone spiegelverkehrt auflegen musst, damit du sie später seitenrichtig aufbügeln kannst. Dann schneidest du dein Motiv an der Bleistiftlinie entlang aus.

♣ Du ziehst die Papierseite ab und legst dein Motiv mit dieser Seite nach unten auf den Stoff. Durch Bügeln lässt sich dein Motiv fest mit dem Stoff verbinden.

✖ Um Löcher in dicken Stoff, Wollfilz oder Leder zu stanzen, eignet sich eine Lochzange. Aus Tonkarton stellst du eine sogenannte Lehre her, das ist eine Schablone mit Löchern in gleichmäßigen Abständen. Die Schablone legst du auf den beiden Stoffteilen an, die du verbinden willst. Dann stanzt du die Löcher aus. Wenn du deine Stoffteile übereinanderlegst, befinden sich die Löcher genau an denselben Stellen.

✻ Nieten bestehen aus zwei Teilen. Du schiebst ein Teil von der Vorderseite und das Gegenstück von der Rückseite durch das Stanzloch und verbindest die beiden Teile durch einen Hammerschlag. Druckknöpfe setzen sich aus vier Einzelteilen zusammen. Du legst je zwei Teile in die Druckknopfzange aus Kunststoff, die der Packung beiliegt. Dann platzierst du die Zange an der richtigen Stelle. Durch einen Schlag mit dem Hammer treibst du die Teile in den Stoff hinein.

✖

✻

T-Shirt-Collage

MATERIAL
T-Shirt
Stoffe
Tonpapier oder Pappe
Bleistift
Schere
Klebevlies
Bügeleisen

Du malst dein Motiv auf Tonpapier oder Pappe auf und schneidest es aus. Mit dieser Schablone überträgst du es auf die Papierseite vom Klebevlies. Auf Seite 140/141 steht, was du machen musst, um das Motiv fest mit dem Untergrundstoff zu verbinden. Du kannst dein T-Shirt mit Figuren, aber auch mit Buchstaben dekorieren. Wichtig ist, dass du deine Schablone spiegelverkehrt auf das Vlies auflegst. Nur dann steht die Figur oder der Buchstabe richtig rum auf dem T-Shirt.

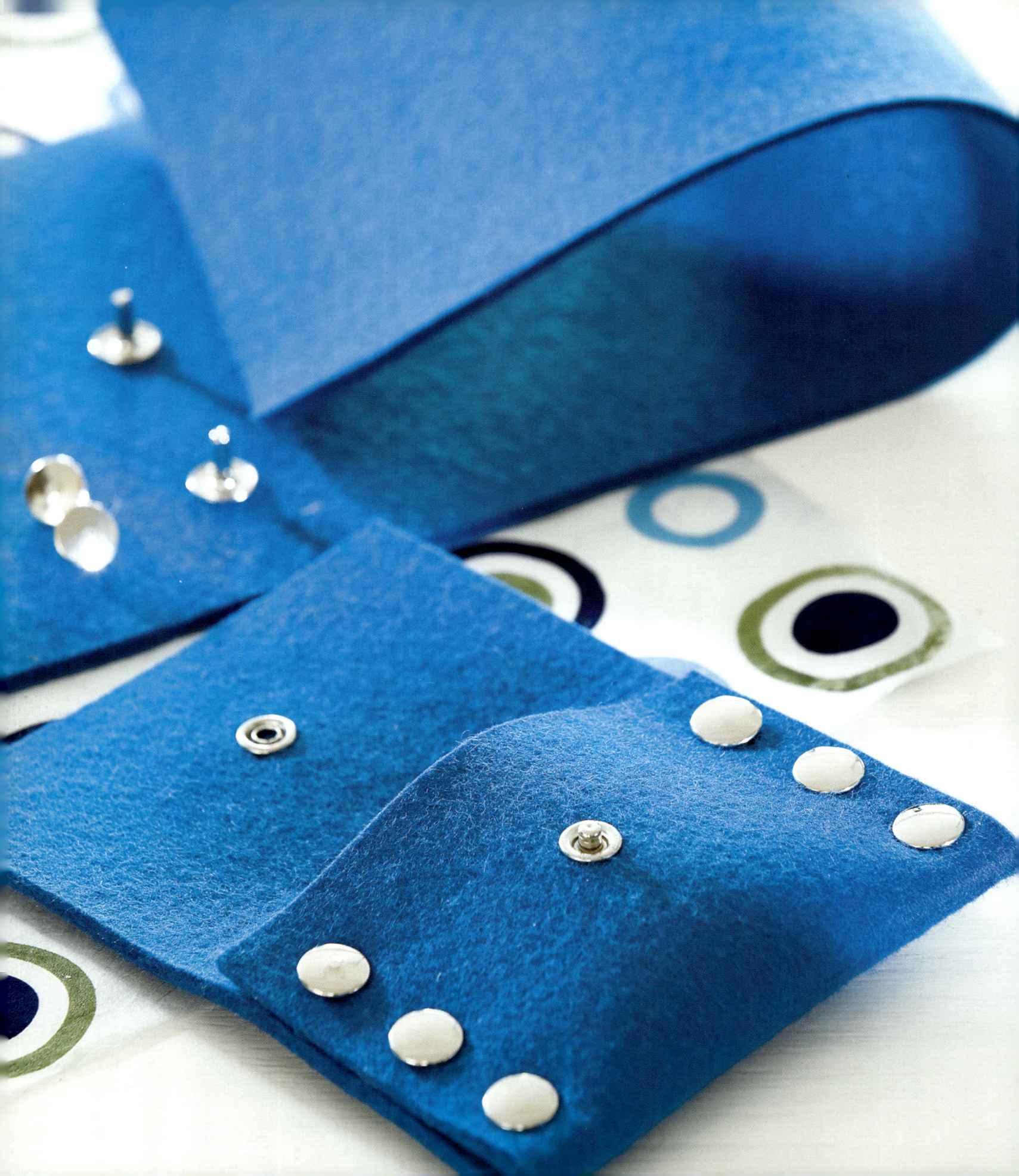

PORTEMONNAIE

MATERIAL
Wollfilz
Rollschneider
Metalllineal
Lochzange
Schere
Tonpapier oder Pappe
Nieten
Druckknopf

Du schneidest ein Rechteck aus Wollfilz aus, das ungefähr doppelt so lang ist wie breit. Zum Ausschneiden kannst du eine sehr gute Stoffschere oder einen Rollschneider benutzen. Den führst du mit viel Druck an einem Metalllineal entlang. Für die Vorderseite des Portemonnaies klappst du etwas mehr als ein Drittel des Rechtecks nach oben um. Die Seitenkanten verbindest du mit Nieten, wie auf Seite 141 beschrieben. Aus dem anderen Ende des Rechtecks entsteht die Klappe. Dort und an der Vorderseite bringst du mittig die Einzelteile des Druckknopfs an. Auch das wird auf Seite 141 erklärt.

BEDRUCKEN
BEMALEN

✖ Um eine Vorlage auf Stoff oder Papier zu übertragen, gibt es einen ganz einfachen Trick: Du malst dein Motiv mit Bleistift auf Butterbrotpapier oder weißes Transparentpapier. Die Konturen (das sind die Umrisse) sollen ganz klar erkennbar sein. Dann drehst du dein Transparentpapier um und zeichnest die Konturen nach. Wenn du das Transparentpapier jetzt noch einmal umdrehst, liegt das Motiv wieder seitenrichtig vor dir. Du legst es auf deinen Untergrund und fährst die Linien mit dem Bleistift nach. Dabei überträgt sich der Grafit des Bleistifts automatisch auf deinen Untergrund.

⊙ Mit Stoffmalfarbe kannst du direkt auf Stoff malen. Dein Stoff sollte vorher gewaschen sein, damit die Appretur (das ist eine Stoffbeschichtung) entfernt wird. So nimmt der Stoff die Farbe besser auf. Ist die Farbe gut getrocknet, legst du ein Baumwolltuch auf und bügelst darüber. Auf diese Weise fixierst du deine Stoffmalerei.

⚒ In der Farbwerkstatt auf Seite 84 hast du ja schon erfahren, dass du mit ganz vielen Materialien drucken kannst. Um Stoff zu bedrucken, eignet sich der Kartoffeldruck sehr gut. Du nimmst eine Kartoffel und halbierst sie mit einem Küchenmesser. In die Oberfläche der Kartoffelhälfte ritzt du deine Druckform ein.

Dann schnitzt du die Form mit dem Küchenmesser heraus.

⊙ Zum Testen streichst du deinen Kartoffelstempel mit Plakatfarbe ein und druckst auf ein
Schmierpapier. Bist du mit dem Ergebnis zufrieden, entfernst du die Plakatfarbe mit Küchenpapier. Jetzt kannst du Stoffmalfarbe auf deinen
Stempel auftragen und auf Stoff drucken.

⊙

SCHLAMPERMÄPPCHEN

MATERIAL
Schlampermäppchen aus Stoff
Transparentpapier
Bleistift
Stoffmalfarbe
Pinsel
Baumwolltuch
Bügeleisen

Du überträgst dein Motiv einmal oder mehrere Male auf das Schlampermäppchen. Wie das geht, steht auf Seite 146. Dann malst du die Kontur mit Stoffmalfarbe aus. Vergiss nicht, die Farbe nach dem Trocknen zu fixieren. Dafür verwendest du ein Bügeleisen und ein Baumwolltuch (siehe auch Seite 146).

ORNAMENTBORTEN

MATERIAL
T-Shirt, Stoffservietten oder Ähnliches
Stoffmalfarben
Pinsel
Kartoffeln

Küchenmesser
Küchenpapier
Baumwolltuch
Bügeleisen

Mit dem Küchenmesser schnitzt du verschiedene Grundformen wie Dreieck, Kreis, Quadrat, Rechteck oder Raute aus den Kartoffelhälften heraus. Einzelheiten zum Thema Kartoffeldruck kannst du auf Seite 146/147 nachlesen. Deine Motive druckst du in regelmäßiger Reihenfolge als Borte auf den Stoff. Bevor du die Farbe wechselst, säuberst du deinen Kartoffelstempel mit einem Küchenpapier. Ist deine Borte fertig, muss die Farbe gut trocknen. Dann legst du ein trockenes Baumwolltuch auf und fixierst die Stoffmalfarbe durch Bügeln.

Ornamentborten:
Chiara und Franca, 6 Jahre
Giulia, 10 Jahre

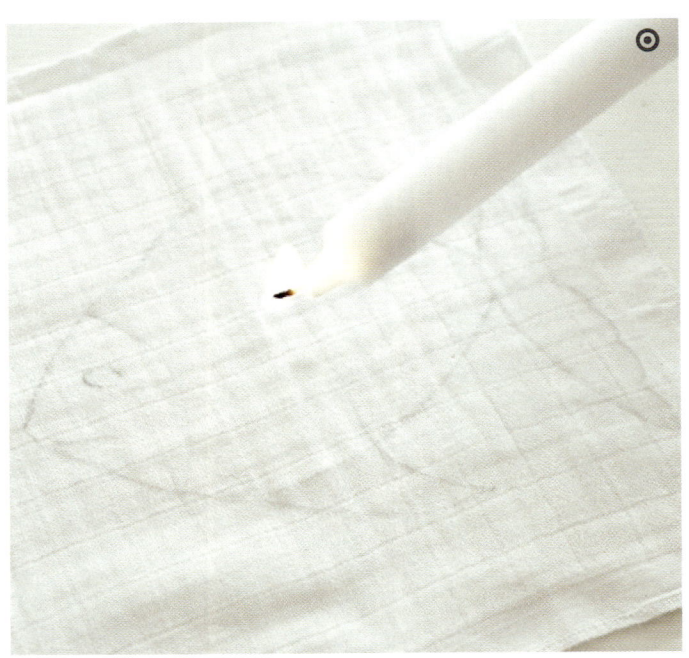

⊙ Farbe zum Färben von Stoffen bekommst du in Drogerien und Bastelgeschäften. Vor allem für die Wachsbatik ist es wichtig, dass du Batik-Kaltfarbe verwendest. Denn nur wenn die Farbe nicht heißer als 35 °C ist, bleibt das Wachs haften. Wenn du magst, zeichnest du dein Motiv mit Bleistift zart auf den Stoff auf. Dann zündest du eine Kerze an und lässt das Wachs auf die Umrisslinien tropfen. Es gibt auch spezielles Batik-Wachs. Das kannst du auf einem Stövchen erhitzen und mit dem Pinsel auf den Stoff auftragen. An den mit Wachs geschützten Stellen nimmt der Stoff beim Färben keine Farbe an.

✖ Beim Färben solltest du unbedingt Gummihandschuhe tragen. Die Farbe färbt nämlich nicht nur Stoff, sondern auch deine Hände. Wie lange der Stoff in der Farbe liegen muss, steht auf der Packung. Den eingefärbten Stoff drückst du vorsichtig aus und lässt ihn trocknen. Dann legst du Löschpapier auf die Wachslinien und bügelst darüber. Das Löschpapier saugt das Wachs aus dem Stoff.

♣ Bei der Schnur- oder Knüpfbatik übernimmt
eine Schnur dieselbe Rolle wie das Wachs.
Überall dort, wo du den Stoff mit Schnur fest
abbindest, nimmt er die Farbe nicht an. Du
kannst zum Beispiel ein Tuch um einen Stock
wickeln und in regelmäßigen Abständen mit
Schnur fest abbinden. Auf dem eingefärbten
Tuch wirst du dann in gleichmäßigen Abständen
helle Linien sehen.

BATIK-HALSTUCH

MATERIAL
Tuch aus Baumwolle
Batikfarbe
Schnur
Stock
Bügeleisen

Schnur- oder Knüpfbatik heißt die Technik, mit der du das Halstuch aus Baumwolle einfärben kannst. Was du über diese Technik wissen musst, steht auf Seite 153. Nach dem Trocknen solltest du das Tuch bügeln, um die Farbe zu fixieren.

BATIK-FISCH

MATERIAL
Stoffwindel
Bleistift
Kerze
Batik-Kaltfarbe
Löschpapier
Bügeleisen

Mit Bleistift malst du dein Motiv auf den Stoff. Eine Stoffwindel eignet sich gut, weil das Wachs den dünnen Stoff gut durchdringt und fest auf der Windel haftet. Mit dem Kerzenwachs deckst du alle Stellen ab, die keine Farbe annehmen sollen. Auf Seite 152 erfährst du genau, wie dein Batik-Bild entsteht.

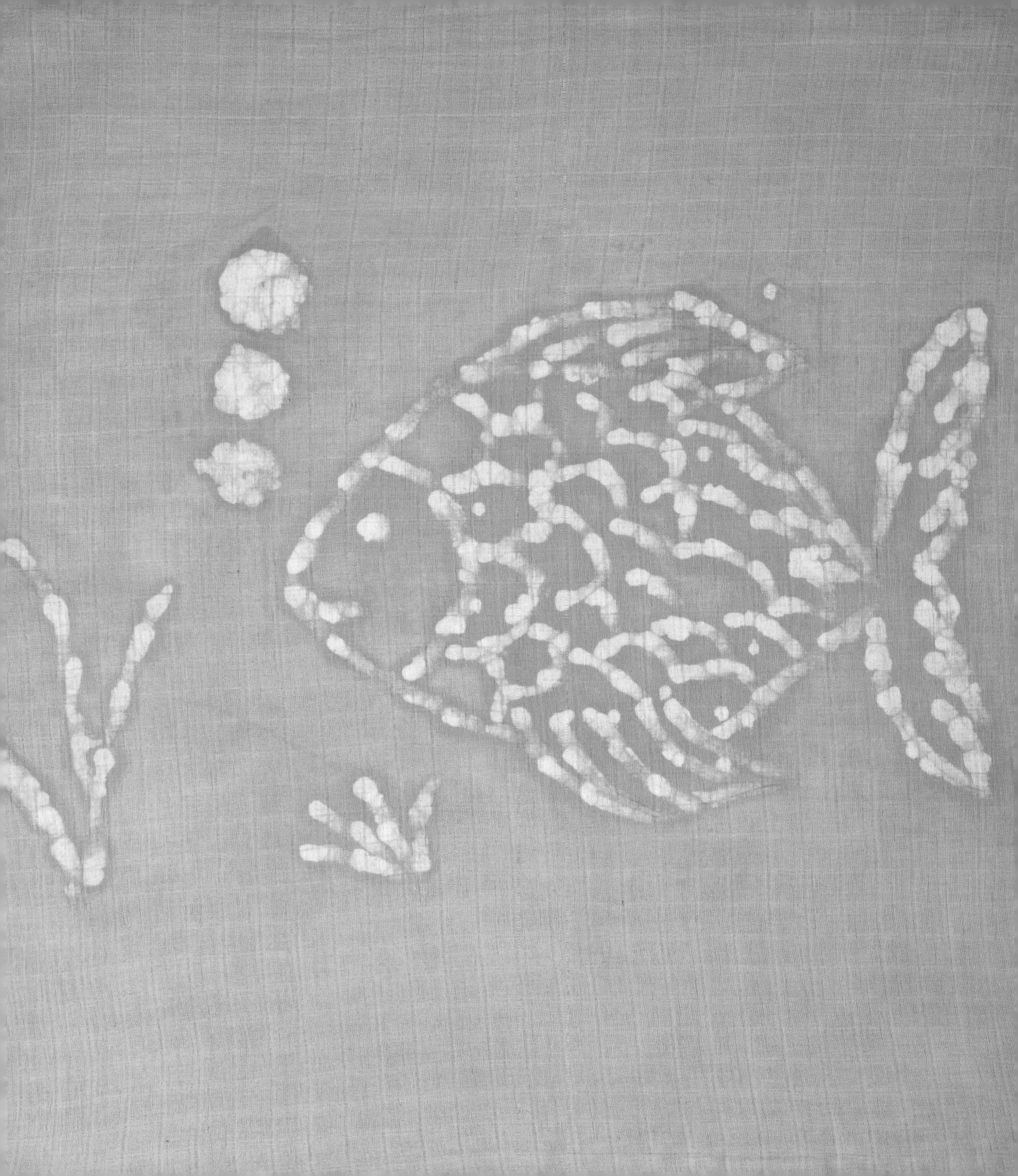

○ Der Vorstich wird auch Heftstich genannt und ist sehr einfach. Erst einmal schlingst du in das Garnende einen mehrfachen Knoten. So kann das Garnende beim Nähen nicht aus dem Stoff rutschen. Du nähst von rechts nach links: Die Nadel stichst du von unten nach oben durch den Stoff, führst sie ein Stück weiter und dann wieder von oben nach unten durch den Stoff. Die Bewegung ist also hoch – runter – hoch – runter ...Wenn du etwas geübter bist, kannst du die Nadel auch in einer Bewegung hoch – runter – und wieder hoch durch den Stoff führen. Das siehst du auf der Zeichnung.

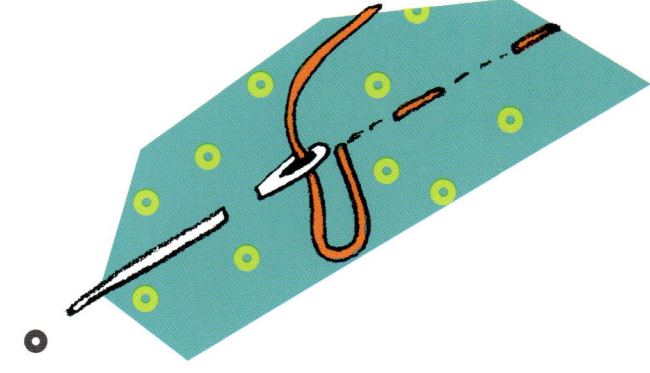

✖ Der Steppstich ist eine der wichtigsten Handstiche. Auch hier nähst du von rechts nach links: Du stichst ein und nach etwa einem halben Zentimeter wieder aus. Dabei führst du die Nadel in einer Bewegung erst einmal nach unten und dann wieder nach oben. Ein kurzes Stück hinter dem letzten Ausstich stichst du wieder ein, führst die Nadel in einer Bewegung erst nach unten, dann nach oben durch den Stoff. Dann stichst du im Ausstich davor wieder ein und so weiter. Die Stiche reihen sich so dicht an dicht aneinander. Auf der Zeichnung kannst du alles genau sehen.

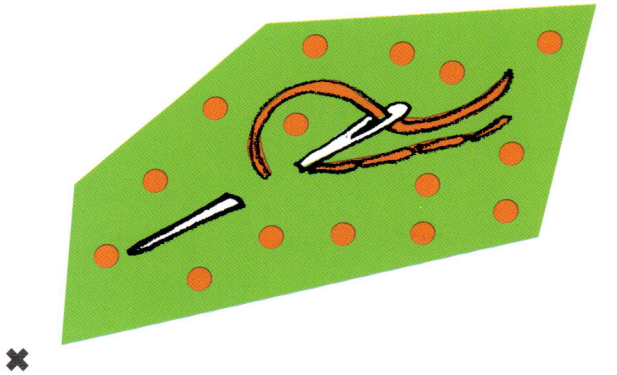

158

⊙ Mit Vorstich oder Steppstich kannst du zwei und mehr Stofflagen zusammennähen. Der Vorstich dauert weniger lang, ist aber nicht so stabil wie der Steppstich. Möchtest du die Stiche kaum sehen, benutzt du ein Garn, das die gleiche Farbe wie der Stoff hat. Vor- und Geradstich wirken aber auch schön, wenn du extra mit andersfarbigem oder dickem Garn nähst.

♣ Mit Vor- oder Steppstich lassen sich kleine Stoffverzierungen auf einen größeren Stoff nähen. Das nennt man Applikation.

✚ Jeder Stoff hat eine rechte und eine linke Seite. Das hat nichts mit links und rechts zu tun, sondern mit Vorder- und Rückseite. Die Stoffvorderseite ist die rechte, die Stoffrückseite die linke Seite. Das erkennst du bei bedruckten Musterstoffen ganz einfach: Da, wo die Muster deutlicher sind, ist die rechte, die andere die linke Seite.

Nun gibt's einen Trick, wie man Stoffsäckchen unsichtbar zusammennähen kann. Du legst zwei Rechtecke rechts auf rechts (das heißt rechte Stoffseite auf rechte Stoffseite) und nähst sie an drei Kanten mit Steppstich zusammen. Die Ecken schneidest du schräg zurück, wie auf dem Foto zu sehen. Dann stülpst du das Säckchen durch die obere Öffnung um (das nennt man Wenden). Außen liegen jetzt die rechten Stoffseiten und innen versteckt die Nähte.

FISCHE ETC.

MATERIAL
Stoffreste
Bunte Garne
Dicke Nadel
Bastreste
Knöpfe
Watte
Schere

Das Meersgetier besteht nur aus Grundformen: Kreise und Ovale für die Fischkörper, Dreiecke für die Flossen, Schlangenspitze und Schlangenmaul, lauter Rechtecke für den Schlangenkörper. Du brauchst jeweils zwei Zuschnitte, die du aufeinandernähst (siehe Seite 159). Ein Stückchen bleibt offen, um die Watte hineinzustopfen. Dann wird auch diese Seite geschlossen. Bei den Fischen nähst du die Flossen zwischen die Körperzuschnitte.

Die Rechtecke für den Schlangenkörper werden einfach mit Baststücken zusammengebunden, so ist die Wasserschlange beweglich. Mit Bast kannst du deine Tiere sowieso schön schmücken, fehlen nur noch Knöpfe für die Augen und ein paar Stickereien (siehe Seite 166).

160

MÄRCHENBILDER

Auch mit Stoffen kannst du Bilder malen, fast zumindest. Die Formen und Figuren schneidest du aus Stoffresten zu und ordnest sie auf dem Wollfilz oder einem dickeren Stoff an. Liegt alles so, dass es dir gefällt, steckst du die Zuschnitte mit Stecknadeln fest. Dann verrutscht nichts mehr, wenn du die Einzelteile mit Vorstich (siehe Seite 158) annähst.

Der Zauberfluss: Milena, 9 Jahre

MATERIAL
Dünner Wollfilz oder dicker Stoff
Stoffreste
Stickgarn
Dicke Nadel
Stecknadeln
Schere

HANDPUPPEN

MATERIAL
Socken
Waschlappen
Watte
Knöpfe
Stoffreste
Wolle

Für übrig gebliebene Einzelsocken: Die Fußspitze stopfst du mit Watte aus. Das wird die Nase. Als Augen schiebst du zwei zusätzliche Watteknubbel hinein und umnähst sie mit einem Vorstich (siehe Seite 158). Hier nähst du Knöpfe fest. Fehlen nur noch Haare aus Wolle, die du ebenfalls leicht festnähen kannst.

Oder du nimmst einen alten Waschlappen und schneidest ein L so aus, dass du zwei offene Kanten erhältst. Du legst rechte Stoffseite auf rechte Stoffseite und nähst die noch offenen Kanten zu. Dann wenden (siehe Seite 159). Den Kopf stopfst du mit Watte aus, Knöpfe, Stoffreste und Wolle sorgen für den Rest.

Schlechte-Laune-Horst:
Katharina, 11 Jahre

Mit nur wenigen Grundstichen lassen sich Stoffe oder dicke Papiere fantasievoll besticken. Hierfür brauchst du eine dickere Sticknadel und bunte Stickgarne.

Den Stepp- und Vorstich kennst du schon von Seite 158. Mit diesen kannst du nicht nur Stoffe zusammennähen, sondern auch verzieren: geradlinig, im Karo, geschwungen, sternförmig oder wild durcheinander. Die Stiche sind kurz, mittel, lang oder sehr lang. Beispiele dazu findest du auf dem Foto rechts. Oder du ziehst im Nachhinein einen andersfarbigen Faden durch die schon gestickten Vorstiche.

Die Einzelstiche beim Plattstich können deutlich erkennbar bleiben, dicht an dicht zu einer Fläche …

… oder schräg gestickt werden. Mit diesem Stich kannst du auch andere Garne, Papierstreifen oder Kordeln aufsticken.

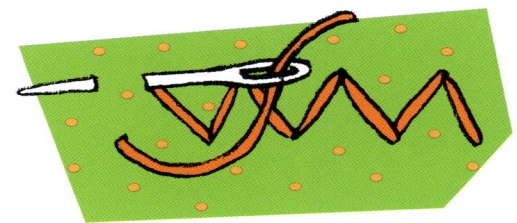

Das sind Französische Knoten: Du wickelst den Faden einmal um die Nadel und stichst dicht neben dem Ausgangspunkt wieder ein.

Den Zickzackstich kannst du unterschiedlich breit und hoch sticken.

So ist der Kreuzstich am einfachsten: Du stickst eine Reihe mit schrägem Stich hin, dann wieder zurück. In der Rückreihe verläuft der schräge Stich in die entgegengesetzte Richtung.

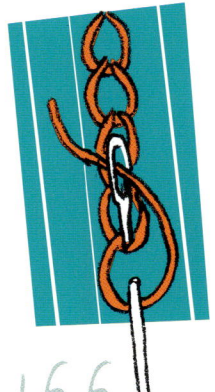

Der Kettenstich ist ein richtiger Zierstich.

SCHACHTELN

MATERIAL
Stoffreste
Papierreste
Stickgarne
Sticknadel
Textil- oder Alleskleber
Pappschachteln
Schere

Aus den Stoffresten schneidest du Rechtecke in verschiedenen Größen zu und bestickst sie mit den Stichen von Seite 166. Wenn du möchtest, kannst du auch hübsche Papierreste einarbeiten. Die bestickten Stoffe klebst du auf die Schachteln, wie es dir gefällt.

BUCHSTABEN STICKEN

MATERIAL
Wollfilz, Wolle
Stickgarne
Sticknadel
Papierchen, Gummibänder, Drähte etc.
zum Aufsticken
Schere, Bleistift

Am einfachsten lassen sich Buchstaben sticken, wenn du sie erst mit Bleistift auf den Stoff vorschreibst. Dann stickst du sie mit einem engen Vor- oder Steppstich (siehe Seite 158) nach.

Einen Notizbucheinband wie hier nähst du so: Der Wollfilz muss einmal um das Buch herumpassen. Zusätzlich rechnest du an jeder kurzen Seite 3 bis 4 cm dazu. Das sind die Klappen, in die das Buch später gesteckt wird.
Dann bestickst du den Wollfilz, wie du möchtest, zum Beispiel mit Buchstaben, Papieren, Gummibändern, Drähten und freien Stickstichen. Als Nächstes schlägst du die Klappen ein und nähst sie an der Ober- und Unterkante fest. Jetzt fehlt nur noch ein passendes Lesezeichen.

Notizbucheinband:
Elena und Jasper, 8 und 9 Jahre

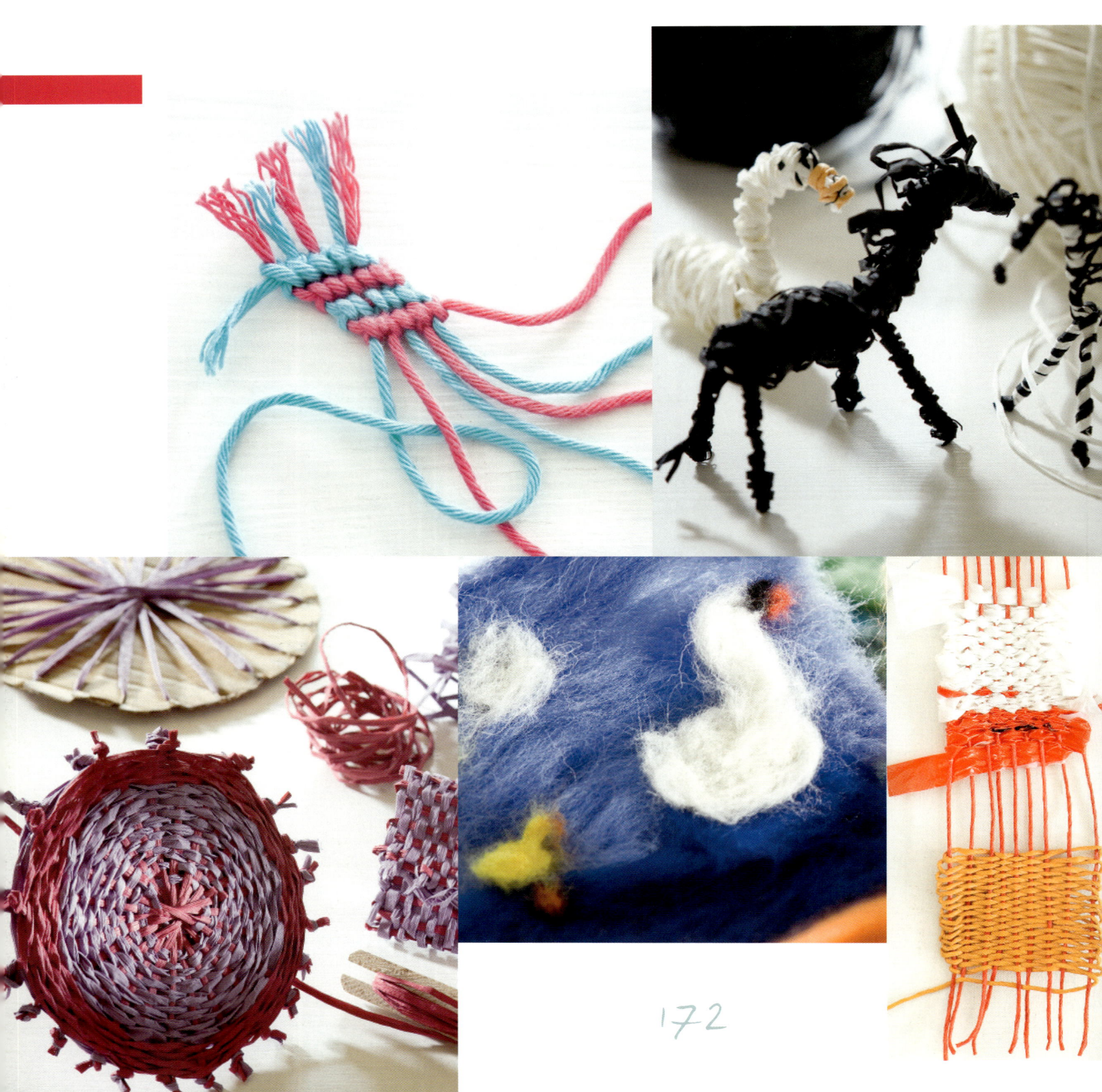

172

FADENWERKSTATT

MALEN MIT WOLLE

Mit Wolle und Garnen kannst du auf unterschiedliche Weise „malen". Schnüre oder Wollfäden lassen sich zu Formen legen und aufkleben. Mit ungesponnener Schafwolle und einer Filznadel entstehen gefilzte Bilder. Und für ein Fadenspannbild schlägst du Nägel in ein Holzbrett und spannst Fäden von Nagel zu Nagel.

⊙ Textilkleber eignet sich, um Schnur oder Wollfäden auf einen Untergrundstoff aufzukleben. Schön ist es, wenn du mit dem Faden nicht nur die Umrisse einer Form nachbildest, sondern eine Fläche ganz oder teilweise ausfüllst. Mit Schneiderkreide oder Bleistift lässt sich die Form auf dem Stoff vorzeichnen.

✖ Für das Trockenfilzen mit der Nadel gibt es spezielle Filznadeln mit vielen kleinen Widerhaken. Wenn du mit diesen Nadeln immer wieder auf die Filzwolle einstichst, verhaken sich die Wollfasern und es entsteht eine feste Filzplatte. Als Unterlage eignet sich eine Schaumstoffplatte. Vorsicht, die Nadeln sind sehr spitz und brechen leicht!

174

♣ Für Fadenspannbilder brauchst du ein Holzbrett, viele kleine Nägel, einen Hammer und Garn. Außerdem wirkt es gut, wenn du das Holzbrett mit Stoff bespannst. Auf dem Stoff kannst du mit Schneiderkreide die Form anzeichnen. Dann schlägst du die Nägel in gleichmäßigen Abständen ein. Wenn du den Nagel mit einer kleinen Telefonzange festhältst, haust du dir beim Hämmern nicht auf den Daumen.

♣

MASKEN-BILD

MATERIAL
Leinenstoff
Schnur
Schere
Bleistift
Textilkleber

Vorlage für dieses Schnurbild sind Figuren und Masken aus einer Ausstellung über afrikanische Kunst. Natürlich kannst du dir auch ganz andere Formen ausdenken. Du zeichnest die Form mit Bleistift vor und füllst sie dann mit Schnur aus. Genaueres zur Technik steht auf Seite 174.

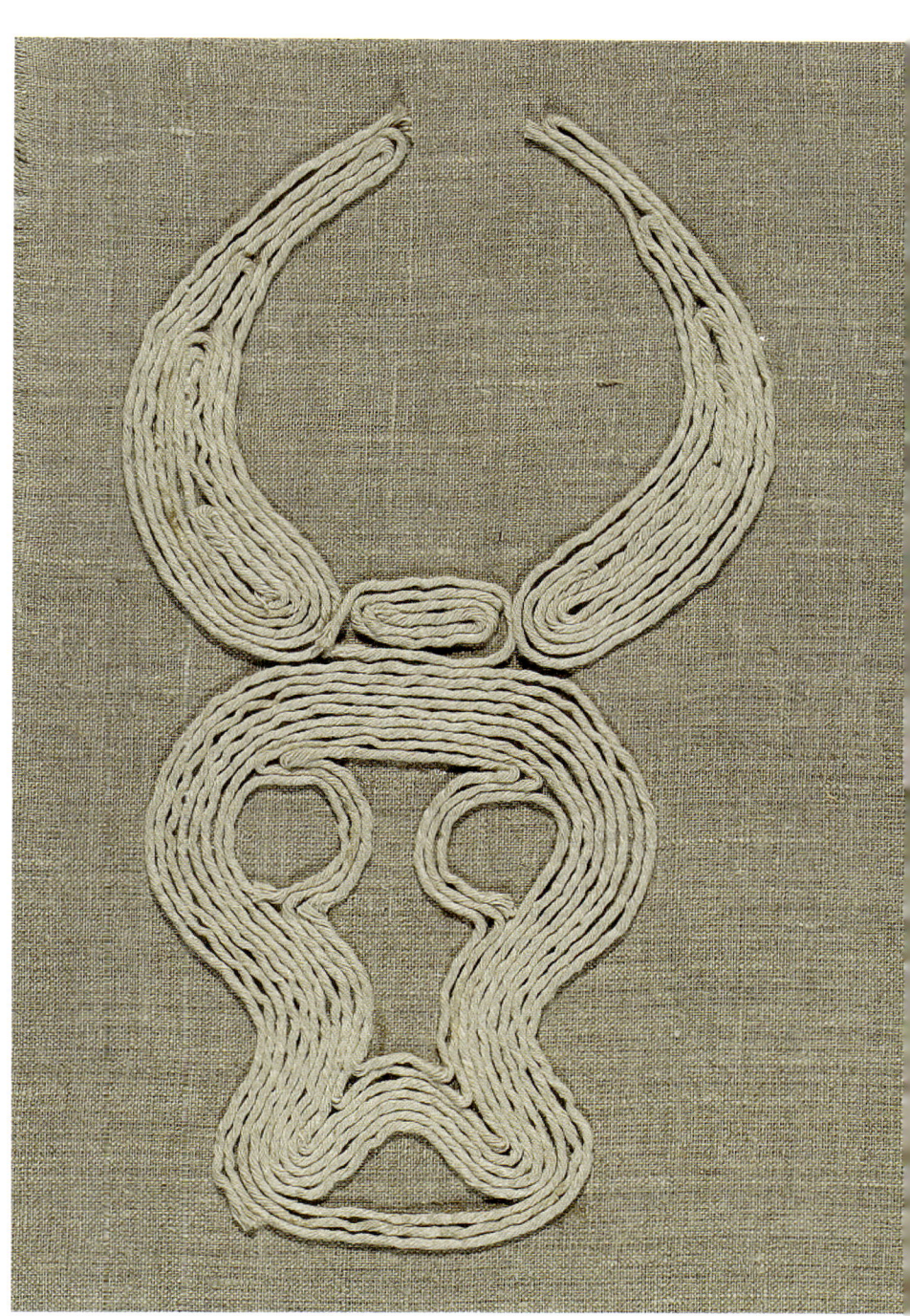

FILZBILDER

MATERIAL
Filzwolle
Filznadelhalter
Filznadel
Schaumstoffunterlage

Wenn du richtig doll filzt, also mit der Filznadel ganz oft in die Wolle einstichst, kannst du ziemlich feste Filzplatten herstellen. Mit verschiedenfarbigen Wollflocken entstanden auf diese Weise die Filzbilder, die du hier siehst. Die Technik wird auf Seite 174 erklärt. Du hast aber auch die Möglichkeit, dein Bild auf eine fertige Bastelfilzplatte aufzufilzen.

Schwan und Entenküken:
Zoe, 8 Jahre
▶

Landschaft mit Baum:
Max, 10 Jahre
◀

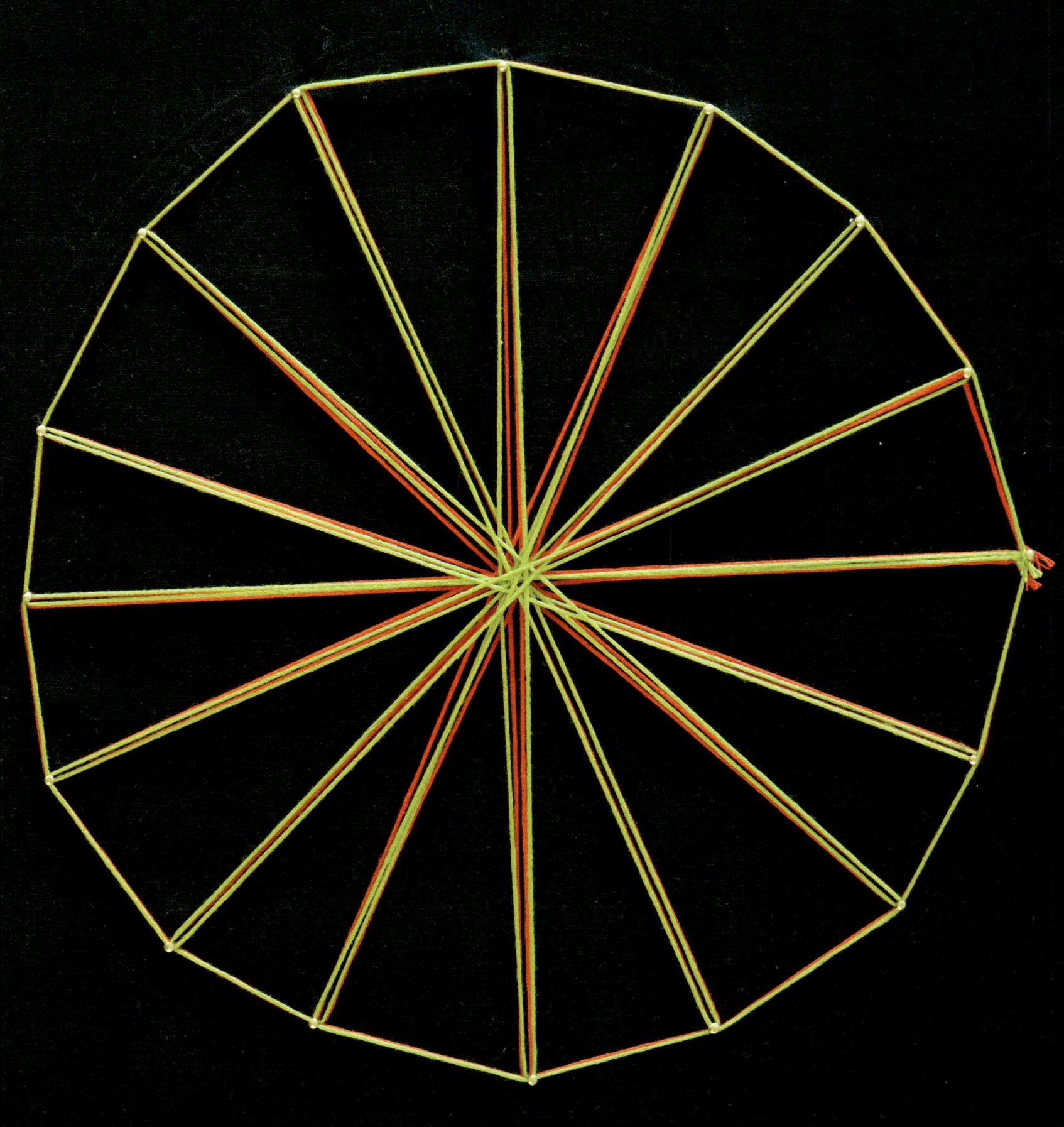

FADENSPANNBILDER

MATERIAL

Holzbrett
Stoff
Schneiderkreide
Zirkel
Kleine Nägel
Hammer
Telefonzange
Häkel- oder Stickgarn
Holzkugel

Es gibt Leute wie den Künstler Naum Gabo, die nur durch das Spannen von Fäden ganz besondere Skulpturen herstellen. Auch wenn am Anfang noch keine dreidimensionale Figur entsteht, macht es viel Spaß, zu überlegen, wie sich eine Fläche mit Spannfäden ausfüllen lässt. Du kannst mit Garnen in verschiedenen Farben arbeiten. Willst du eine Kreisform aufzeichnen, ist ein Zirkel hilfreich. Als Auge für ein Tier kann zum Beispiel eine kleine Holzkugel dienen, die du mit einem Nagel befestigst. Weitere Infos zur Arbeitstechnik findest du auf Seite 175.

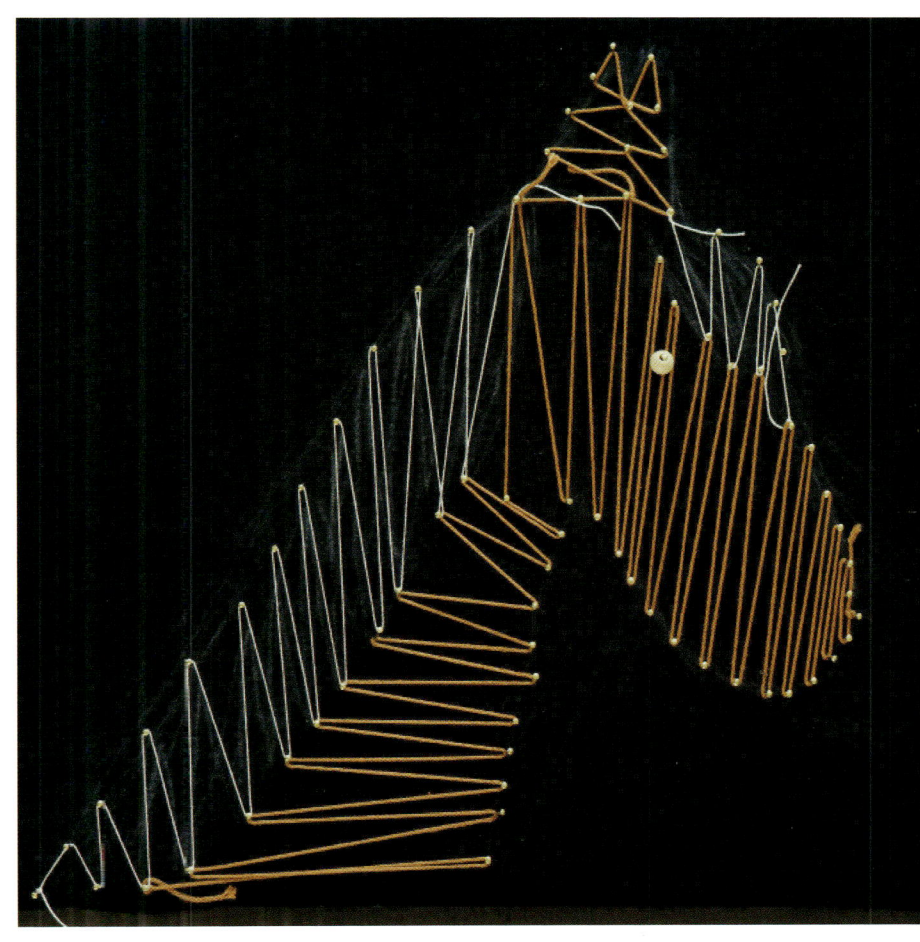

▲ Pferd: Zoe, 8 Jahre

Fadenkreis: Max, 10 Jahre
◄

♣ Wickeln kannst du über weiche Einlagen (wie Papierschnur) oder über harte (wie Draht). Beim Wickeln über eine weiche Einlage ist vor allem der Anfang wichtig. Du nimmst ein Bündel deines Materials und umwickelst es ungefähr 2 cm lang mit deinem Wickelfaden. Deinen Wickelfaden fädelst du am besten in eine stumpfe Sticknadel ein. Du biegst den umwickelten Teil zu einer Öse und legst das Einlagebündel schneckenförmig drum herum. Dann umwickelst du die Öse und das Einlagebündel. In der nächsten Runde wickelst du immer ein paar Mal um das Einlagebündel und stichst dann in die Vorrunde ein, um diese Runde an der Vorrunde zu befestigen. Nach einigen Runden entsteht eine Kreisfläche. Das kann zum Beispiel der Boden für ein Körbchen sein. Für die Seitenwand legst du das Einlagebündel nicht mehr außen um die Vorrunde, sondern etwas schräg obenauf.

◉ Das Tolle beim Wickeln über Draht ist, dass du deine Figur in jede gewünschte Form biegen kannst. Als Basis für die Figur dienen Drahtstücke und Zöpfe aus Papierschnur. Für ein Pferd brauchst du zum Beispiel ein langes Stück und zwei kürzere Stücke Draht sowie entsprechend lange und kurze Zöpfe. Aus dem langen Stück bildest du Kopf, Hals, Rumpf und Schwanz. Die kürzeren Stücke legst du als Beine über den

Rumpf. Jetzt beginnt die Wickelarbeit. Je nachdem, welchen Effekt du erzielen willst, wickelst du locker oder ganz fest.

✖ Durch Wickeln kannst du auch Bommeln (Pompons genannt) oder Quasten herstellen. Quasten lassen sich ganz schnell in kleine Puppen verwandeln. Du wickelst die Wolle viele Male um deine Handfläche. Dann legst du einen Faden um das Bündel und verknotest ihn. Für den Kopf deiner Puppe bindest du das Fadenbündel ein Stück tiefer ab. Am anderen Ende schneidest du alle Fäden auf. Aus einem zweiten Fadenbündel mit abgebundenen Enden werden Arme und Hände. Du legst dieses Bündel gleich unter dem Kopf in das erste Bündel ein und bindest es kreuzweise fest. Das Gesicht und die Frisur gestaltest du nach Lust und Laune.

◉ Für einen Pompon schneidest du zwei Ringe aus Pappe zu. Als Schablone für den Außenkreis verwendest du ein Glas, für den Innenkreis eine Münze. Die beiden Pappringe legst du aufeinander und umwickelst sie mit Wolle. Hierfür fädelst du den Faden in eine stumpfe Sticknadel. Du wickelst so lange, bis das Loch in der Mitte gefüllt ist. Dann zerschneidest du die Wollfäden entlang der Außenkante. Zwischen den beiden Pappringen ziehst du einen Faden ein und verknotest ihn. Jetzt kannst du die Pappringe entfernen. Den erhaltenen Pompon musst du vielleicht noch ein bisschen rundschneiden.

183

KÖRBCHEN

MATERIAL
Papierschnur
Stumpfe Sticknadel
Schere

Mit der auf Seite 182 beschriebenen Wickel-
technik über weiche Einlagen kannst du stabile
Körbchen herstellen. Für den Henkel nimmst
du ein sehr dickes Bündel Papierschnur, das du
mehrmals fest umwickelst. Die Enden des Hen-
kels bindest du kreuzweise an der Seitenwand
fest. Wenn dir die Verbindungsstelle nicht gefällt,
drehst du ein Stück Papierschnur auf und klebst
das entstandene breite Papierband über die
Ansatzstelle.

WICKELTIERE

MATERIAL
Papierschnur
Draht
Seitenschneider
Schere
Stumpfe Sticknadel

Wie du die Wickeltiere herstellst, steht auf Seite 182/183. Für den Schwan brauchst du nur ein Basisstück aus Draht und Papierschnur, für Pferd und Zebra je drei Basisstücke. Die Pferdemähne entsteht aus Schlaufen, die du durch einige Umwicklungen an Kopf und Hals hindurchführst. An den Tieren auf dem großen Foto kannst du gut erkennen, wie unterschiedlich es wirkt, ob du fest oder locker wickelst.

Rappe und Schwan:
Zoe, 8 Jahre
◄

SORGENPÜPPCHEN

MATERIAL
Wolle
Stumpfe Sticknadel
Schere

Eine Quaste ist die Basis für das Sorgenpüppchen, dem du alle deine Probleme erzählen kannst. Was du für die Herstellung wissen musst, steht auf Seite 183. Beim Jungen bindest du unten noch Füße ab. Für die Frisur kannst du am „Scheitel", dem ersten Abbindefaden, Fransen einknüpfen. Finde eine Frisur, die dir gefällt. Mit einfachen waagerechten Stichen entstehen Augen und Mund.

Püppchen im Vordergrund:
Chiara und Giulia, 6 und 10 Jahre

Weben kannst du mit einem Webrahmen. Oder du baust dir selbst aus Pappe einen „Rahmen". Der kann rechteckig sein oder auch eine andere Form haben. So lassen sich zum Beispiel mit kreisförmigen Webscheiben runde Gewebe herstellen. Zum Weben eignen sich ganz viele Materialien wie Wolle, Garn, Papierschnur, Plastikstreifen ... Du kannst auch Perlen auf einen Faden aufziehen und den Perlenfaden einweben.

Zu einem Webrahmen gehören zwei Querstreben. Die untere heißt Warenbaum, die obere Kettbaum. Dazwischen liegt ein bewegliches Teil, der Webkamm. Um deinen Webrahmen zu bespannen, knotest du den Faden am Kettbaum fest und führst ihn durch eine Kerbe im Webkamm gerade nach oben zum Warenbaum. Du legst den Faden um die Kerbe, führst ihn wieder nach unten durch die nächste Kerbe

im Webkamm zur ersten Kerbe im Kettbaum. Dann geht's über die nächste Kerbe weiter wie beschrieben.

Die gespannten Fäden heißen Kettfäden. Hast du alle Fäden gespannt, verknotest du das Fadenende am Warenbaum. Mehr Fadenspannung erreichst du, wenn du Kett- und Warenbaum nach außen drehst. Hierfür löst du die seitlichen Flügelschrauben etwas und ziehst sie danach wieder fest.

Wenn du die Kettfäden vorbereitet hast, kann's losgehen. Du ziehst einen Webfaden in eine Webnadel ein oder wickelst ihn auf ein Webschiffchen aus Holz. Sicher hast du schon gemerkt, dass jeweils eine Art Fach entsteht, wenn du den Webkamm nach vorne oder nach hinten drehst. Durch dieses Fach schiebst du den Webfaden, den sogenannten Schussfaden, im leichten Bogen hindurch. Dann nimmst du einen Kamm und drückst den Webfaden in Richtung Kettbaum. Man sagt, „der Schussfaden wird angeschlagen". Nach jeder Reihe drehst du den Webkamm. So entsteht allmählich dein Gewebe. Achte darauf, dass die Randschlaufen locker sind, damit sich dein Gewebe nicht zusammenzieht und nach oben schmaler wird.

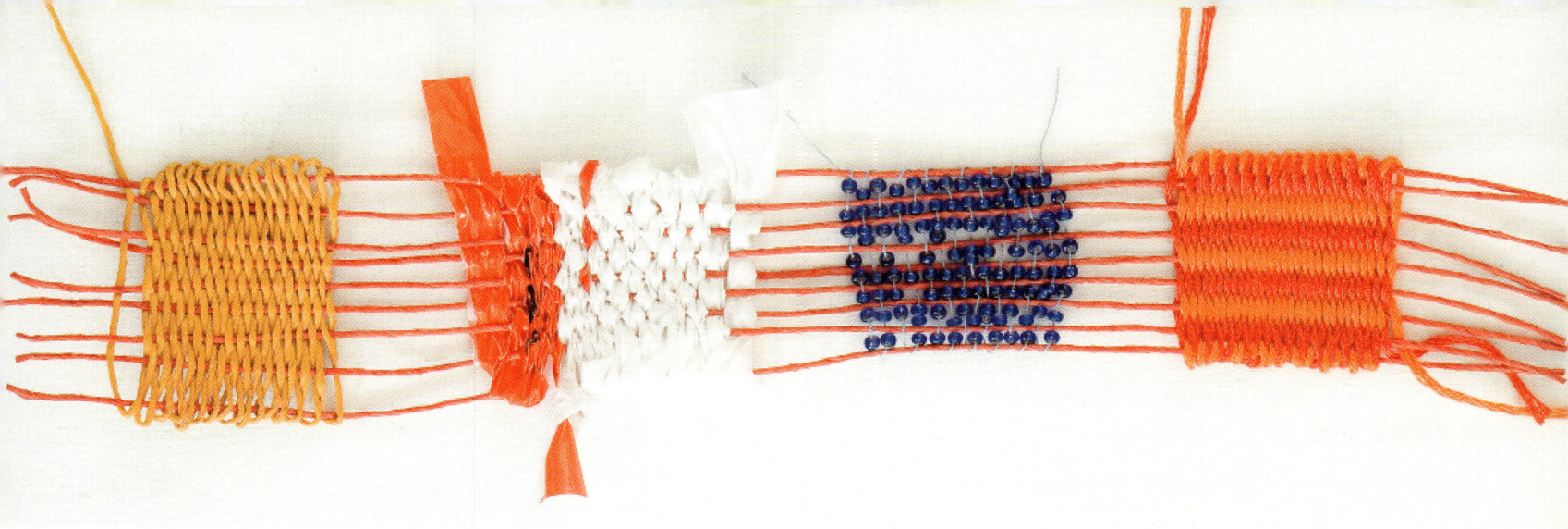

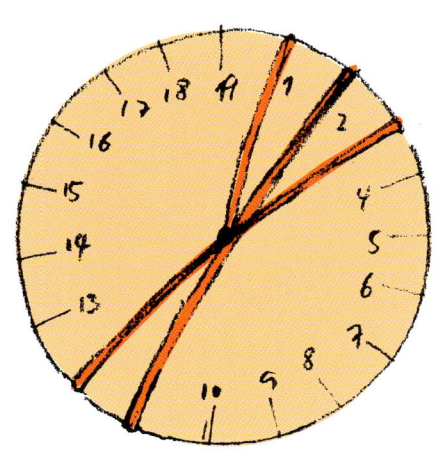

Für das Rundweben über Pappe schneidest du eine Pappscheibe zu mit einer ungeraden Anzahl von Einschnitten am Rand und einem Loch in der Mitte. Am besten nummerierst du die Einschnitte. Das Spannen der Kettfäden ist nicht besonders kompliziert: Du führst den Faden durch das Loch in der Mitte, legst ihn in Kerbe 1 und führst ihn über die Rückseite der Scheibe.

So errechnest du, in welche Kerbe du den Faden nun einlegen musst: Gesamtzahl der Kerben plus 3, geteilt durch 2. Also zum Beispiel: 19 + 3 = 22, 22 : 2 = 11. Also legst du den Faden von der 1 in die 11, dann von der 2 in die 12 …, bis alle Kerben belegt sind. Das Ende klebst du auf der Rückseite fest.

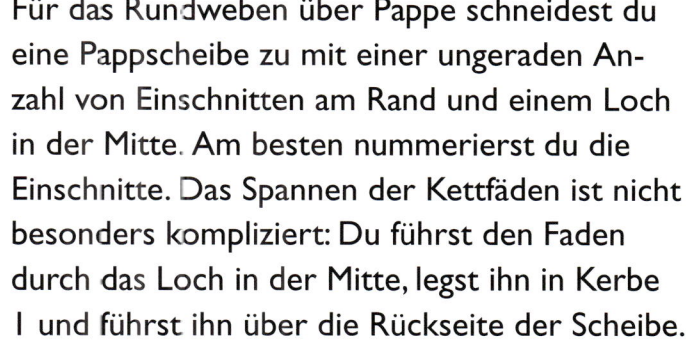

Den Schussfaden führst du immer abwechselnd über und unter einem Kettfaden hindurch. In der zweiten Runde liegt der Kettfaden, der zuvor unten lag, oben und umgekehrt. Du webst so, bis dein Gewebe groß genug ist, dann schneidest du die Kettfäden auf der Rückseite am Mittelpunkt auf.

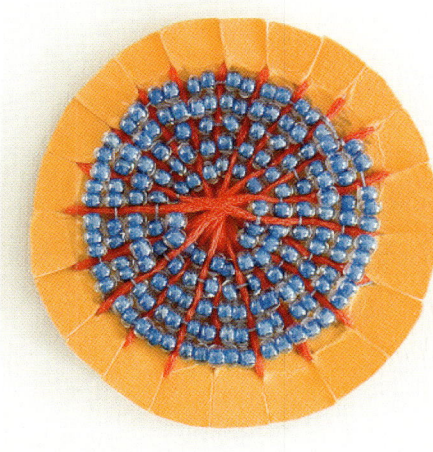

WANDTEPPICH

MATERIAL

Plastiktüten
Holzlatten
Dicke Schnur
Ringschrauben
Bohrmaschine mit Holzbohrer

Du brauchst zwei gleich lange Holzlatten. In die bohrst du in gleichem Abstand Löcher. Beide Latten sollen die gleiche Anzahl Bohrlöcher haben. Dann spannst du deine Kettfäden: Du legst die beiden Latten im gewünschten Abstand auf den Fußboden, machst einen Knoten in die Schnur und fädelst sie durch ein Bohrloch ein. Führe die Schnur immer abwechselnd zur oberen und unteren Latte. Im letzten Bohrloch verknotest du die Schnur. An der oberen Latte drehst du zwei Ringschrauben ein und ziehst eine Aufhängeschnur hindurch. Zum Weben hängst du deinen „Webrahmen" am besten auf. Damit die Kettfäden gespannt bleiben, kannst du die untere Latte mit Steinen beschweren.

Die Plastiktüten schneidest du in viele etwa gleich breite Streifen. Dann führst du den ersten Streifen im Wechsel über und unter den Kettfäden hindurch. Im Grunde webst du so, wie auf Seite 190 beschrieben. Allerdings hast du jetzt keinen Webkamm und kannst keine Fächer bilden. Ist ein Streifen zu Ende, knotest du einen neuen Streifen an. Die Knoten sollen alle auf der Rückseite deines Wandteppichs liegen. Wenn die ganze Fläche zwischen den Latten ausgefüllt ist, ist dein Wandteppich fertig.

193

TÄSCHCHEN

MATERIAL

Pappe
Zirkel oder Teller als Schablone
Bleistift
Schere
Bast oder Papierschnur
Stumpfe Sticknadel
Klebeband
Webrahmen

Auf Seite 191 steht, wie du runde Flächen weben kannst. Für das runde Täschchen webst du zwei Flächen in jeweils zwei Farben. Du legst die beiden Flächen aufeinander und verknotest die meisten Kettfäden der beiden Scheiben miteinander. Damit das Täschchen oben offen bleibt, verknotest du hier die Kettfäden jeder Scheibe separat.

Für das Puppenportemonnaie bespannst du deinen Webrahmen, wie auf Seite 190 erklärt. Dann webst du ein langes Rechteck. Ist dein Gewebe lang genug, löst du die Flügelschrauben am Webrahmen und hebst die Kettfäden aus den Kerben. Am besten verknotest du immer zwei Fäden dicht am Gewebe und schneidest die Enden zu Fransen.

Klappe das untere Drittel nach oben und nähe die Webkanten zusammen. Als Verschluss dient ein Knubbel aus mehreren Knoten, der auf der Vorderseite angeknotet und anschließend durch die Kettfäden der Portemonnaieklappe gesteckt wird.

194

KREOLE

MATERIAL
Rocailleperlen
Kreole aus Silberdraht
Nähgarn
Schere
Nähnadel

Für diese Arbeit brauchst du geschickte Finger und viel Geduld. Nähnadel und Garn sind nämlich sehr fein und die Perlen sehr klein.

Einen großen runden Ohrring aus feinem Silberdraht oder einem anderen Metall nennt man Kreole. Eine solche Kreole kann dir auch als Webrahmen dienen. Du webst in Runden, aber diesmal nicht auf einer Pappscheibe, wie auf Seite 191 erklärt. Vielmehr spannst du ein Kreuz aus Nähgarn über die Kreole und dann noch fünf weitere Fäden zum Mittelpunkt. Du hast also neun Kettfäden.

Dann fädelst du einen Faden in die Nähnadel und führst die Nadel abwechselnd über und unter den Kettfäden hindurch. Nach einigen Runden geht's los mit dem Perlenweben: Du fädelst so viele Perlen auf, wie zwischen zwei Kettfäden passen. Um den Faden zu sichern, schlingst du ihn einmal um den Kettfaden. Anschließend nimmst du neue Perlen auf den Webfaden und arbeitest weiter, wie beschrieben. Nach jeder Runde führst du den Faden noch einmal durch alle Perlen, damit sie fest sitzen. So machst du weiter, bis deine Kreole ausgefüllt ist. Die Anzahl der Perlen zwischen den Kettfäden nimmt mit jeder Runde zu.

Den Rand der Kreole kannst du mit Perlenbogen verzieren. Dafür fädelst du fünf Perlen auf, schlingst den Faden um den Rand und führst ihn noch mal durch die letzte Perle. So arbeitest du Perlenbogen um den gesamten Rand.

FLECHTEN
KNÜPFEN

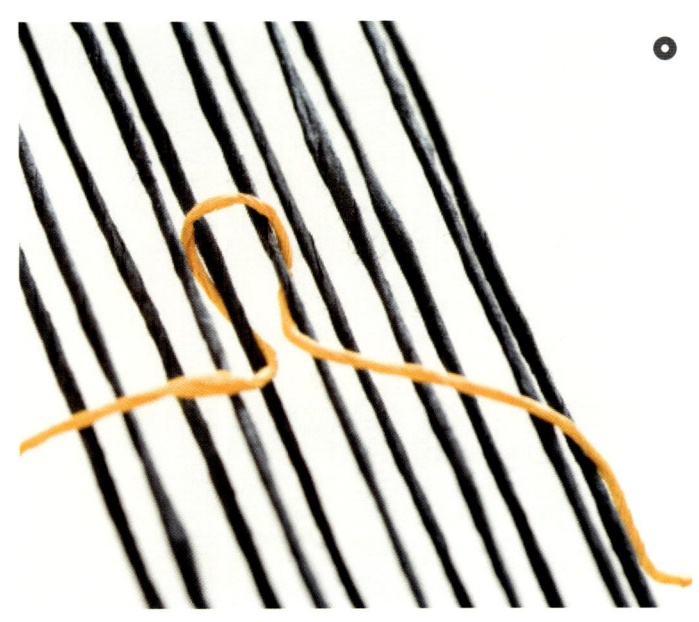

○ Willst du Fäden in Kettfäden einknüpfen wie beim Armband von Seite 200/201, kannst du den sogenannten Smyrnaknoten anwenden. Das ist ein Knoten, mit dem traditionell Teppiche geknüpft werden. Dafür legst du den Faden quer über die Kettfäden. Die Enden führst du rechts und links neben einem Kettfadenpaar nach unten und holst sie zwischen den beiden Kettfäden wieder nach oben. Dann ziehst du die Schlaufe fest. Die Fadenenden stehen senkrecht nach oben.

✖ Freundschaftsbändchen kannst du mit Rippenknoten knüpfen. Am besten arbeitest du mit sechs gleich langen Fäden, deren Enden du nebeneinander mit Klebefilm an einem Tisch festklebst. Für den Rippenknoten nach rechts nimmst du den Faden ganz links zur Hand. Das ist dein Knüpffaden, mit dem du eine ganze Reihe knüpfst. Den Knüpffaden schlingst du von oben nach unten um den zweiten Faden (den Leitfaden), wie auf dem Foto zu sehen. Mache noch eine zweite Schlinge auf die gleiche Weise um den zweiten Faden. Erst durch die zweite Schlinge wird der Knoten fixiert. Dann gehst du zum dritten Faden über und schlingst den Knüpffaden wieder zweimal drum herum. So geht's weiter bis zum Reihenende. Dann wird der nächste Faden ganz links zum Knüpffaden.

198

⊙ Rippenknoten können nicht nur nach rechts, sondern auch nach links laufen. Für den Rippenknoten nach links beginnst du mit dem Faden, der ganz rechts liegt. Den schlingst du von oben nach unten um den nächsten Faden links daneben (siehe Foto). Du machst noch eine zweite Schlinge und gehst dann zum nächsten Faden über. Wenn du von der Mitte aus knüpfst und Rippenknoten nach rechts und nach links kombinierst, entstehen Bändchen mit Pfeilmuster.

⚓ Knoten sind in der Schifffahrt sehr wichtig. Der hier gezeigte Knoten wird von den Seeleuten Affenfaust genannt. Er dient als Gewicht am Ende einer Wurfleine oder als Klemmsicherung. Du kannst die Affenfaust mit drei oder mehr Strängen arbeiten. Für eine dreisträngige Affenfaust wickelst du ein ca. 2,5 m langes Lederband dreimal um drei Finger deiner linken Hand. Du ziehst den mittleren Finger heraus und wickelst dreimal senkrecht um die vorherigen Umwicklungen. Dann wickelst du noch dreimal um die letzten Umwicklungen. Zum Schluss ziehst du die äußeren Schlaufen vorsichtig in den Knoten ein. Damit deine Affenfaust stabiler wird und eine gleichmäßige Form bekommt, kannst du eine Holzkugel oder einen Holzwürfel in den Knoten einlegen, bevor du die letzten drei Umwicklungen durchführst.

Armband

MATERIAL
Papierschnur
Webrahmen
Schere
Klebestift

Du bespannst deinen Webrahmen mit Kettfäden aus Papierschnur, wie auf Seite 190 beim Weben erklärt. Dann webst du zwei Reihen, bevor du eine Reihe mit Smyrnaknoten knüpfst. Wie das geht, steht auf Seite 198. Die eingeknüpften Fäden sollen etwa 20 cm lang sein. Du kannst Fäden in verschiedenen Farben einknüpfen, damit der Flor aus Knüpffäden schön bunt wird. Webe und knüpfe eine ganze Weile weiter. Dein Gewebe muss so lang werden, dass deine Hand durchpasst, wenn du es zum Ring schließt. Wenn es so weit ist, löst du die Kettfäden vom Rahmen. Du schließt das Gewebe zum Ring und verknotest die Kettfäden an beiden Enden miteinander. Wenn du diese Knoten verstecken willst, kannst du ein Stück Papierschnur zum Band aufdrehen. Dieses Band klebst du mit Klebestift über die Verbindungsstelle.

FLECHTSCHACHTEL

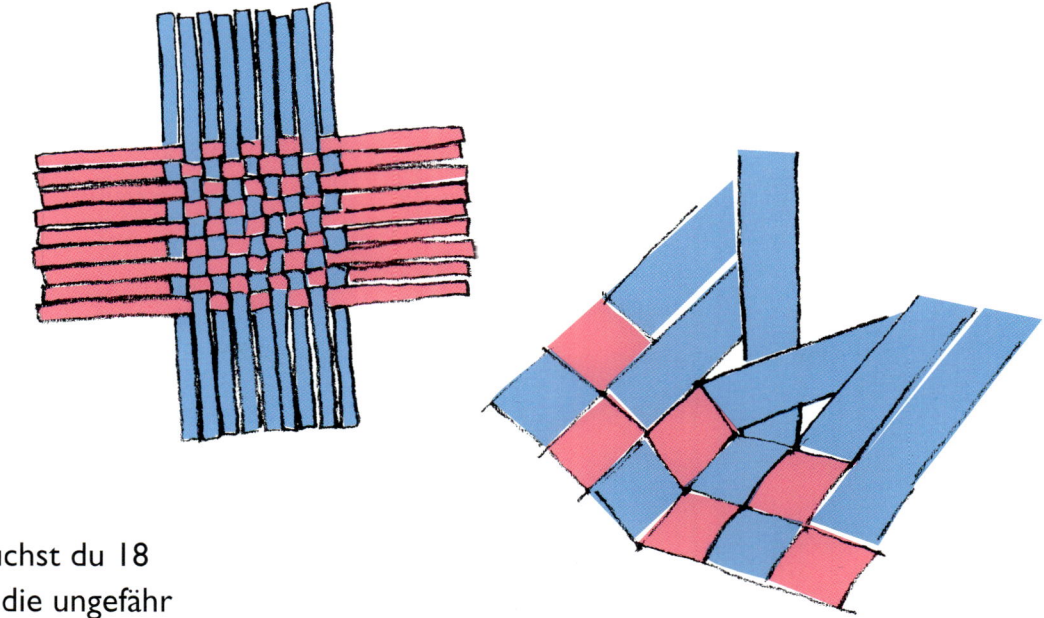

MATERIAL

Tonpapier
Schere oder Rollschneider
Bleistift
Lineal
Schneidematte
Wäscheklammern
Klebestift

Für diese Flechtschachtel brauchst du 18 gleich lange Tonpapierstreifen, die ungefähr 2 cm breit sind. Zuschneiden kannst du sie mit einer Schere oder einem Rollschneider auf einer Schneidematte. Du legst neun Streifen senkrecht nebeneinander. Dann werden die restlichen neun Streifen waagerecht eingeflochten. So entsteht eine Art Teppich aus vielen kleinen Quadraten.

Spannend wird's, wenn du die Seitenwände aufrichtest. Sie haben eine Höhe von je drei Streifen. Um die erste Ecke zu bilden, biegst du den dritten und den vierten Streifen im 90°-Winkel und legst sie rechtwinklig über-

einander. Die Streifenenden werden dann wie bisher eingeflochten. Es geht immer im Wechsel „drunter und drüber".

Das machst du an allen vier Ecken, jeweils mit dem dritten und vierten Streifen von außen. Damit dein Geflecht nicht sofort wieder auseinanderfällt, kannst du die Flechtstreifen zuerst mit Wäscheklammern zusammenhalten, bevor du sie mit Klebestift zusammenklebst. Überstehende Streifenenden schneidest du mit der Schere ab.

FREUNDSCHAFTS-BÄNDCHEN

MATERIAL

Baumwollgarn
Schere
Klebefilm

Die Freundschaftsbänder knüpfst du mit Rippenknoten. Du kannst die Knoten diagonal nach rechts oder links arbeiten. Wenn du mit dem Knüpfen in der Mitte beginnst und Rippenknoten nach rechts und links knüpfst, entsteht das Pfeilmuster.

Pro Band schneidest du sechs Garnfäden mit einer Länge von ungefähr 1 m zu. Am Anfang lässt du etwa 20 cm Garn unbearbeitet. Dann knüpfst du so, wie auf Seite 198/199 erklärt.

Hat dein Band die gewünschte Länge, kannst du an den Enden aus je drei Fäden Zöpfe für den Verschluss flechten. Die Zöpfe verknotest du am unteren Ende.

Wie diese Seemannsknoten entstehen, erfährst du auf Seite 199.

Um zu häkeln, brauchst du nur Garn oder Wolle und eine Häkelnadel. Und es geht sogar ohne Häkelnadel, nur mit den Fingern.

⊙ Die Luftmasche ist die einfachste Häkelmasche. Du machst eine Schlinge und legst sie über die Häkelnadel. Dann holst du mit dem Haken der Häkelnadel den Faden, der vom Knäuel kommt. Den ziehst du durch die Schlinge hindurch. Schon hast du deine erste Luftmasche gehäkelt.

✖ Über eine Luftmaschenreihe kannst du andere Maschen wie feste Maschen oder Stäbchen häkeln. Das Prinzip ist eigentlich immer das gleiche: Du stichst in die Luftmasche ein, holst den Faden mit der Häkelnadel und ziehst ihn durch die Masche. Jetzt liegen zwei Schlingen auf deiner Häkelnadel. Du holst den Faden noch mal und ziehst ihn durch beide Schlingen, sodass am Ende nur noch eine Schlinge auf der Häkelnadel liegt. So entsteht eine feste Masche.

▲ ⊙ Wenn du andere Maschen häkeln willst, legst du am Anfang vor dem Einstechen den Faden um die Häkelnadel: beim Stäbchen einmal, beim Doppelstäbchen zweimal. Den Faden ziehst du nach dem Durchholen immer durch zwei Schlingen: Beim Stäbchen machst du das zweimal, beim Doppelstäbchen dreimal.

✚ Außerdem gibt es noch das halbe Stäbchen. Auch für diese Masche legst du den Faden vor dem Einstechen um die Nadel. Du holst den Fa-

206

den und ziehst ihn durch die Masche. Wie beim Stäbchen liegen jetzt drei Schlingen auf deiner Nadel. Aber im Unterschied zum Stäbchen ziehst du den Faden nicht zweimal durch zwei Schlingen, sondern einmal durch alle drei.

▼⊕ Du kannst in einer Maschenreihe auch Maschen zu- oder abnehmen. Für die Zunahme häkelst du einfach zwei Maschen in eine Masche der Vorreihe. Für die Abnahme arbeitest du zwei Maschen jeweils nur zur Hälfte und ziehst den Faden dann durch alle Schlingen. Das heißt bei festen Maschen: Du stichst in die erste Masche ein und holst den Faden durch. Dann stichst du in die zweite Masche und holst den Faden. Zum Schluss ziehst du den Faden durch alle drei Schlingen auf der Nadel.

♣ Um in Runden zu häkeln, beginnst du mit zwei Luftmaschen. In die erste Luftmasche häkelst du mehrere feste Maschen, sodass ein Maschenkreis entsteht. Damit der Maschenkreis mit jeder Runde größer wird, musst du in jeder weiteren Runde Maschen zunehmen.

✳ Beim Fingerhäkeln arbeitest du mit zwei Fäden und mit deinen beiden Zeigefingern. Du machst eine Häkelschlaufe und legst sie über deinen rechten Zeigefinger. Dann holst du den Faden, der von rechts kommt, mit deinem linken Zeigefinger durch die Schlaufe. Du lässt die Schlaufe von deinem rechten Zeigefinger gleiten und ziehst am Faden, der von links kommt. So, und jetzt das Gleiche noch mal, nur andersrum. Arbeite so immer abwechselnd, bis die Schnur lang genug ist.

SCHLÜSSELBAND

MATERIAL

Baumwollgarn
Karabiner
Schere

Die Schlüsselbänder entstehen durch Fingerhäkeln. Eine Beschreibung der Technik findest du auf Seite 206/207. Am besten verwendest du Garn in zwei verschiedenen Farben. Dann kannst du die beiden Fäden beim Fingerhäkeln besser unterscheiden.

Ist dein Band lang genug, schneidest du die Fäden ab. Du fädelst das Band durch den Ring des Karabiners und verknotest Anfang und Ende deines Schlüsselbands.

Schlüsselband:
Zoe, 8 Jahre

HÄKELHASE

MATERIAL
Drahtverstärkte Papierschnur
Häkelnadel
Schere

Wenn du mit drahtverstärkter Papierschnur häkelst, hat das den Vorteil, dass du deine Häkelarbeit in jede gewünschte Richtung biegen kannst.

Für den Körper häkelst du feste Maschen in Runden. Du nimmst zuerst gleichmäßig zu. Und wenn dein Kreis groß genug ist, nimmst du wieder ab. Erklärungen zu Luftmaschen und feste Maschen, zur Maschenzu- und -abnahme findest du auf Seite 206/207. Wie viele Maschen du zu- oder abnimmst, musst du selbst entscheiden. Das hängt auch davon ab, wie fest oder locker du häkelst und wie dick deine Häkelnadel ist. Der Häkelhase auf dem Foto wurde mit einer Häkelnadel Nr. 10 gehäkelt.

Für den Kopf häkelst du wieder in Runden und nimmst erst zu und dann ab. Natürlich nicht so viele Maschen wie beim Körper.

Für die Ohren häkelst du einige Luftmaschen und darauf feste Maschen. Der Stummelschwanz entsteht auf die gleiche Weise, aber du häkelst das Ende der Maschenreihe wieder an den Körper an.

Fadenenden kannst du einfach in den Körper hineinschieben. Die Ohren biegst du in die Position, die dir gefällt.

Zum Stricken brauchst du mindestens zwei Nadeln. Die können auch durch ein Kunststoffseil verbunden sein wie bei der Rundstricknadel. Außerdem brauchst du einen Strickfaden – aus Wolle oder einem ganz anderen Material.

⊙ Bevor du richtig loslegen kannst, musst du Maschen auf deiner Nadel anschlagen. Dafür führst du den Faden um den Zeigefinger deiner linken Hand und legst ihn als einfache Schlinge um deinen Daumen. Du stichst mit einer Stricknadel in die Daumenschlinge ein, holst den Faden, der über dem Zeigefinger liegt, und ziehst ihn durch die Daumenschlinge. Dann lässt du die Schlinge vom Daumen gleiten und ziehst die Masche auf der Stricknadel fest an. So machst du weiter, bis du genug Maschen angeschlagen hast.

✖ Über deine Anschlagmaschen kannst du dann rechte Maschen stricken. Du stichst mit der (leeren) rechten Nadel in die erste Anschlagmasche auf der linken Nadel von vorne nach hinten ein. Dann holst du den Faden durch die Masche nach vorn durch und lässt die Schlinge von der linken Nadel gleiten. Wenn du auf diese Weise einige Reihen strickst, entsteht ein Strickstück mit vielen Wellenreihen. Je zwei Reihen bilden eine Wellenreihe.

⊕ Ist dein Strickstück groß genug, kannst du die Maschen abketten. Das ist ganz einfach: Du strickst immer zwei Maschen und ziehst die erste Masche über die zweite. Damit sich die Abkettreihe nicht zusammenzieht, musst du sehr locker stricken.

♟ Am Rand deines Strickstücks kannst du Fransen einziehen. Dafür brauchst du keine Strick-, sondern eine Häkelnadel. Du schneidest ein ausreichend langes Stück Faden zu. Dann stichst du mit der Häkelnadel durch eine Randmasche. Die Mitte des Fadens legst du über die Häkelnadel und ziehst sie durch die Randmasche. Nun liegt eine Schlinge auf der Nadel. Durch die ziehst du die beiden Fadenenden hindurch.

FRANSENSCHAL

MATERIAL
Dicke Wolle
Stricknadeln Nr. 15
Schere
Stumpfe Sticknadel
Häkelnadel

Wie auf Seite 212 beschrieben, schlägst du Maschen an. Und zwar so viele, dass dein Schal breit genug wird. Dann strickst du rechte Maschen in Reihen. Du hörst erst wieder auf, wenn der Schal die richtige Länge für dich hat. Ist er lang genug, kettest du die Maschen ab. Anfang- und Endfaden lassen sich mit der stumpfen Sticknadel in die Maschen einziehen. Man sagt dazu: Fäden vernähen. An den beiden kurzen Seiten des Schals kannst du Fransen anknüpfen.

STUHLKISSEN

MATERIAL
Stoffreste oder alter Bettbezug
Textilkleber
Stricknadeln Nr. 15
Schere
Stumpfe Sticknadel

Reststoffe, zum Beispiel einen alten, zerschlis-
senen Bettbezug, reißt oder schneidest du
in Streifen. Wie das geht, wird auf Seite 134
erklärt. Dann klebst du die Streifen mit Textilkleber zusammen und rollst sie zum Knäuel
auf. Mit diesem Stoffstreifenknäuel schlägst du
so viele Maschen an, wie du für dein Kissen
brauchst. Du strickst nur rechte Maschen in
Reihen. Hat dein Strickstück eine quadratische
Form, kettest du die Maschen ab. Mit einer
stumpfen Sticknadel kannst du Anfang- und
Endfaden in die Maschen einziehen.

218

NATURWERKSTATT

BAUM
BORKE

✦

✦ Bei Fundhölzern entdeckst du wunderliche Formen: krumme Hunde, knorzige Gesichter, tanzende Schlangen. Schau nur genau hin. Oft sind Hölzer so schön, dass du gar nichts mehr an ihnen machen musst. Manchmal aber möchtest du mit ihnen schnitzen. Dafür brauchst du ein gutes, also scharfes Taschenmesser, mit dem du eine bestimmte Form herausarbeitest. So lässt du Beulen verschwinden oder deutlicher hervortreten, glättest Vorsprünge und Astansätze, schnitzt Kerben, Ritzen und Spitzen. Glatt wird dein Fundholz, wenn du die Rinde mit dem Messer entfernst. Zusätzlich kannst du das Holz mit feinem Sandpapier

abschleifen oder kleine Feilen einsetzen, um die Form zu gestalten.

Was immer du vorhast, eines ist ganz wichtig: Deine Hand muss sich beim Schnitzen immer vom Körper weg bewegen!

⊙ Fundhölzer kannst du bemalen. Sie sollten trocken sein, bevor du loslegst. Zum Bemalen eignen sich normale Bastel- oder Plakatfarben.

♣ Manchmal musst du kleine Löcher bohren. Dafür nimmst du am besten einen Vorbohrer oder eine Ahle. Je nachdem, wie weich dein Holz ist, brauchst du mehr oder weniger Geduld, bis das Loch tief genug ist.

3 MONSTER

MATERIAL
Fundhölzer
Taschenmesser
Feilen
Sandpapier
Bastelfarben
Pinsel

Erst einmal betrachtest du das Fundholz von allen Seiten. Was siehst du? Einen Elch, ein Nasenmonster, ein Gürteltier?

Dann geht's ans Schnitzen – immer vom Körper weg. Rindenstücke werden entfernt, manche Vorsprünge geglättet und zurückgenommen, andere betont. Bei widerborstigen Holzknubbeln kannst du kleine Feilen zur Hilfe nehmen oder mit feinem Schleifpapier dein Werk vor dem Bemalen glätten.

3 Monster:
Katharina, Johannes und Jasper,
11, 12 und 9 Jahre
▶

BORKENSCHIFFE

MATERIAL
Baumrinden
Bastelpapiere
Handbohrer oder Ahle
Schaschlikspieße
Segel

Du brauchst jede Menge Borkenstücke, dünne Rundhölzer und Bastelpapierreste. Für die Mastlöcher bohrst du an der jeweiligen Stelle ein Loch (siehe Seite 221). Das geht schnell, denn Borken sind meistens ziemlich weich. Dann schneidest du die Segel aus. Durch ein Löchlein oben und unten ziehst du die Segel auf die Masten aus Rundhölzern, die Masten steckst du in die Löcher.

BLÄTTER
FRÜCHTE
KERNE

Weiter vorne in diesem Buch hast du schon erfahren, dass du mit unterschiedlichen Materialien drucken kannst. Es geht auch mit Blättern. Spaß macht es, viele verschiedene Blätter zu sammeln und sich dann zu überlegen, welche Figur daraus entstehen könnte. Zum Beispiel eignen sich die Blätter von Kastanie, Eiche, Linde, Löwenzahn, Klee, Buche, Ahorn, Breit- und Spitzwegerich.

⊙ Für den Naturdruck brauchst du deine Blätter, Plakatfarbe und Pinsel, Papier zum Bedrucken und zum Abdecken, zwei Moosgummiplatten und ein Nudelholz. Du streichst die Blatt-

unterseite satt mit Farbe ein. Dann platzierst du das Blatt vorsichtig mit der bemalten Seite nach unten auf dem Papier. Deinen Papierbogen deckst du mit einem zweiten Bogen ab. Um zu drucken, legst du die beiden Papiere zwischen zwei Moosgummiplatten und walzt einmal mit viel Druck mit dem Nudelholz drüber. Du ziehst das Blatt vorsichtig vom Papier ab und lässt dich vom Druckergebnis überraschen.

◉ Für die Fische wurde mit Buchen-, Linden-, Löwenzahn- und Spitzwegerichblättern gedruckt. Zum Schluss kannst du mit einem feinen Haarpinsel noch Augen aufmalen.

⚓ Um Naturschmuck herzustellen, fädelst du Kerne, Hülsenfrüchte oder Gewürze mit einer spitzen Sticknadel auf einen Elastikfaden. Manche Kerne sind allerdings zu hart und lassen sich nicht so einfach durchbohren. In solchen Fällen kannst du einen Trick anwenden: Du weichst die Kerne über Nacht in Wasser ein und kannst sie am nächsten Tag problemlos auffädeln.

BLÄTTER FRÜCHTE KERNE

BLÄTTERBILDER

MATERIAL
Blätter
Plakatfarben
Pinsel
Papier
Moosgummiplatten
Nudelholz

Du sammelst verschiedene Blätter, die dir beim Spaziergang im Wald oder Park begegnen. Wenn du sie zu Hause zwischen feuchte Küchentücher legst oder in ein Glas Wasser stellst, kannst du sie eine Weile frisch halten.

Schau dir die Blätter genau an und überlege, ob du in den Blattformen andere Motive entdecken kannst. So können aus den Blättern beispielsweise Fische, Vögel und viele andere Tiere entstehen. Wie du mit Blättern druckst, wird auf Seite 226/227 beschrieben. Dein Papier kannst du zuvor einfärben. Und zwar mit viel Wasser und ganz wenig Farbe.

Vogel:
Giulia, 10 Jahre
◀

Blätterfische:
Giulia, 10 Jahre
▶

228

BLÄTTER FRÜCHTE KERNE

PFAU

MATERIAL

Maiskörner
Sonnenblumenkerne
Kürbiskerne
Rote Bohne
Tonkarton
Bleistift
Tapetenkleister
Pinsel

Wenn du willst, zeichnest du dein Motiv mit
Bleistift auf Tonkarton vor. Dann bestreichst
du eine kleine Fläche deines Kartons mit Tapetenkleister und klebst die Körner, Kerne oder
Hülsenfrüchte auf. Sie sollen gut im Kleister ein-
gebettet sein, damit sie sich nicht wieder lösen.

231

BLÄTTER FRÜCHTE KERNE

NATURSCHMUCK

MATERIAL
Sonnenblumenkerne
Sternanis
Rote Bohnen
Spitze Sticknadel
Elastikfaden
Ring-Rohling
Kraftkleber

Wie aus Kernen, Hülsenfrüchten oder Gewürzen Ketten und Armbänder entstehen, kannst du auf Seite 227 nachlesen. Sternanis sieht beinahe aus wie kleine Blüten und wirkt auf einem Ring sehr hübsch. Mit Kraftkleber kannst du das Anis auf dem Ring-Rohling festkleben. Lass den Kleber auf beiden Klebeflächen erst etwas antrocknen, bevor du die beiden Teile aufeinanderdrückst.

STEINE
MUSCHELN
SAND

Ebenso wie Hölzer haben Steine und Muscheln viele verschiedene Formen und Farben. So wie sie sind, sind sie genau richtig – wunderschön zum Anschauen und zum Anfassen.

⊙ Vielleicht möchtest du sie dennoch anmalen. Das geht am besten mit normalen Bastelfarben und einem Pinsel. Meistens brauchen die Farben auf Stein ein bisschen länger zum Trocknen.

234

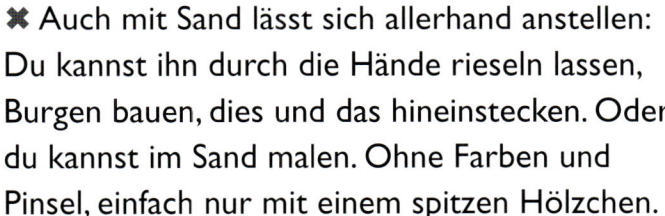

✖ Auch mit Sand lässt sich allerhand anstellen:
Du kannst ihn durch die Hände rieseln lassen,
Burgen bauen, dies und das hineinstecken. Oder
du kannst im Sand malen. Ohne Farben und
Pinsel, einfach nur mit einem spitzen Hölzchen.

✖

235

STEINGÄRTEN

MATERIAL
Flache Pappschachtel
Sand
Steine

Steingärten anzulegen ist in Japan eine hohe Kunst mit einer sehr alten Tradition. Im japanischen Steingarten gibt es keine Pflanzen, sondern nur Steine, Sand und höchstens ein bisschen Moos.

Genau das Richtige für deinen Miniatur-Steingarten: In einen flachen Karton streust du Sand und steckst deine Lieblingssteine hinein, vereinzelt und als Gruppierungen.

Steingarten:
Elena, 8 Jahre

236

STEINE
MUSCHELN
SAND

PRÄRIE

MATERIAL
Flache Steine
Pappschachteln
Sand
Hölzchen
Bast
Bastelfarben
Pinsel

Hier wird alles in Sand gesteckt: bemalte Steine
als Kakteen, zusammengebundene Hölzchen als
Tipi. Ganz nach dem Motto: Es war einmal im
Wilden Westen …

Den Rest (der Geschichte) kannst du dir selbst
ausdenken. Viel Spaß dabei.

Wilder Westen:
Bruno, 6 Jahre

◄

REGISTER

Abbinden 114
Abketten 213, 214, 217
Affenfaust 199
Appretur 146
Aquarellstifte 73, 74, 99

Bergfalte 30
Bleistift 72
Bohren 221, 225
Brennofen 126
Buntpapier 94–99
Buntstifte 73–77

Collage 14, 60, 142

Doppelstäbchen 206
Drucken 84–93
    Druckstock 84, 85
    Materialdruck 84, 86, 88, 99
    Moosgummidruck 57, 85, 90, 93
    Schwammdruck 84, 89, 99
    Stoffdruck 146, 147, 150
Druckknopf 141, 145

Fäden vernähen 214
Färben 152–157
Feste Masche 206, 207, 211
Filzstifte 78–81, 85, 90
Fingerhäkeln 206–208
Flechten 198–205
Flor 200
Fransen 213, 214
Französischer Knoten 166
Frottage 58, 60
Füller 78, 82

Gips 114–119
Gipsbinden 114, 115, 119
Glasur 126
Grundfarben 54, 57

Häkeln 206, 207, 211
Halbes Stäbchen 206
Harte Einlage 182
Hexentreppe 31, 37
Holz 220, 221, 222, 239
Hubel 127

Kalte Farben 54, 57
Kartoffeldruck 146, 147, 150
Kettbaum 190
Kettfaden 134, 190, 191, 193, 194, 197, 198, 200
Klebelasche 31, 38, 39
Klebevlies 140, 142
Kleisterpapier 94, 96
Knete 102
Knüpfbatik 153, 155
Knüpfen 198–205
Knüpffaden 198
Komplementärkontrast 54, 57
Kratztechnik 58, 60, 62
Kreole 197
Kreuzstich 166

Lampiontechnik 18, 23
Lehre 141
Leitfaden 198
Lochzange 24, 28, 138, 141, 145
Luftmasche 206, 207, 211

Maschenabnahme 207
Maschenanschlag 212, 214, 217
Maschenzunahme 207, 211
Modelliergips 114, 116
Modelliermasse 102, 104, 107
Muscheln 234

Nadelfilzen 174, 178
Nähen 158–165
Naturdruck 226, 228
Negativform 39, 44
Nieten 140, 141, 145

Origami 30

Papier 8–51
    falten 30–37
    kleben 10, 14, 38, 39
    knicken 30–37
    knittern 24, 27
    lochen 24, 28
    prägen 24, 28
    reißen 18–20
    rollen 18–20, 38, 40
    schneiden 18–20, 23
    schöpfen 46–51
    stecken 10, 13
    weben 10, 17
Papierhütchen 23, 38
Pappmaschee 108–113
Pastellfarben 54
Perlenweben 197
Plakatfarben 65, 70
Plastilin 102
Plattentechnik 127, 131
Plattstich 166
Pompons 183
Pop-up 31, 34
Positivform 39, 44
Pulpe 46, 49, 50

Quasten 183, 188

Rechte Masche 212, 214, 217
Recyceln: 38, 39, 40, 43, 44
Reibetechnik siehe Frottage
Rinde 220, 225
Rippenknoten 198, 199, 204
Rundhäkeln 207, 211
Rundweben 191, 194, 197

Salzteig 120–125
Sand 235, 236, 239
Schablone 140, 141, 142
Schablonenpapier 95, 96
Schamotte 126
Schnitzen 220–222
Schnurbatik 153, 155

Schussfaden 190, 191
Seemannsknoten 199, 204
Smyrnaknoten 198, 200
Soft-Ton 126
Sprühpapier 95, 96
Stäbchen 206, 207
Steine 234–239
Stempeln siehe Drucken
Steppstich 158, 159, 166, 170
Sticken 166–171
Stoff
    bedrucken 146, 147, 150
    bemalen 146, 149
    kleben 140–142
    reißen 134, 137, 217
    schneiden 134, 137, 138
Stricken 212–217

Talfalte 30, 33
Tinte 49, 78, 82
Ton 126–131
Trockenfilzen 174, 178

Vorlagen übertragen 146
Vorstich 158, 163–166, 170

Wachsbatik 152, 156
Wachsmalkreiden 58–63, 99
Warenbaum 190
Warme Farben 54, 57
Wasserfarben 58, 65–68
Weben 190–197, 200
Webkamm 190
Webrahmen 190, 193, 194, 197, 200
Webscheibe 190
Webschiffchen 190
Weiche Einlage 182, 184
Wenden 159, 164
Wickeln 182–189
Wulsttechnik 127, 131

Zickzackstich 166